東京大學東洋文化研究所
大木文庫藏明清稀見史料匯刊
第二輯

⑧

上海古籍出版社

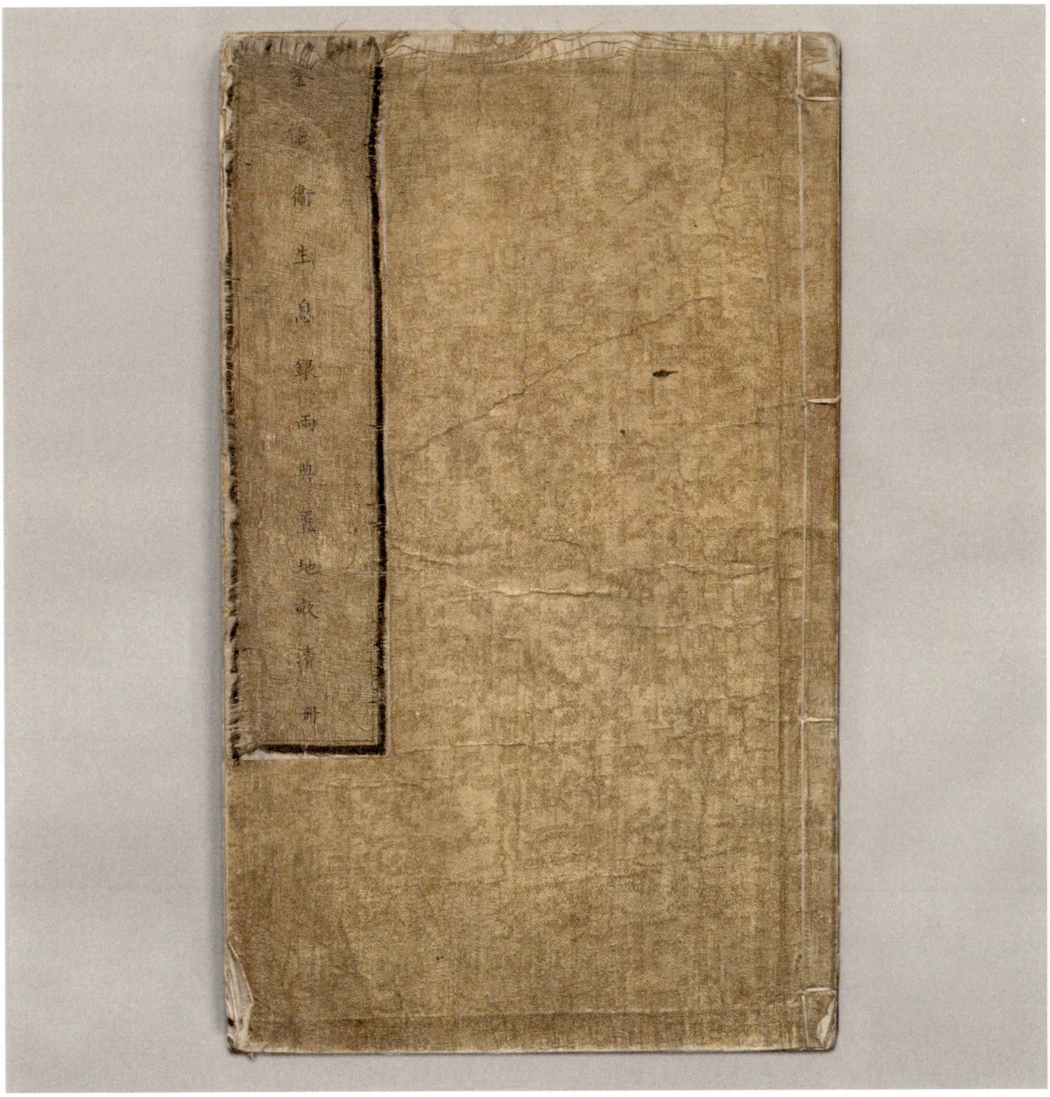

鑾儀衛生息銀兩典置地畝清册（一）

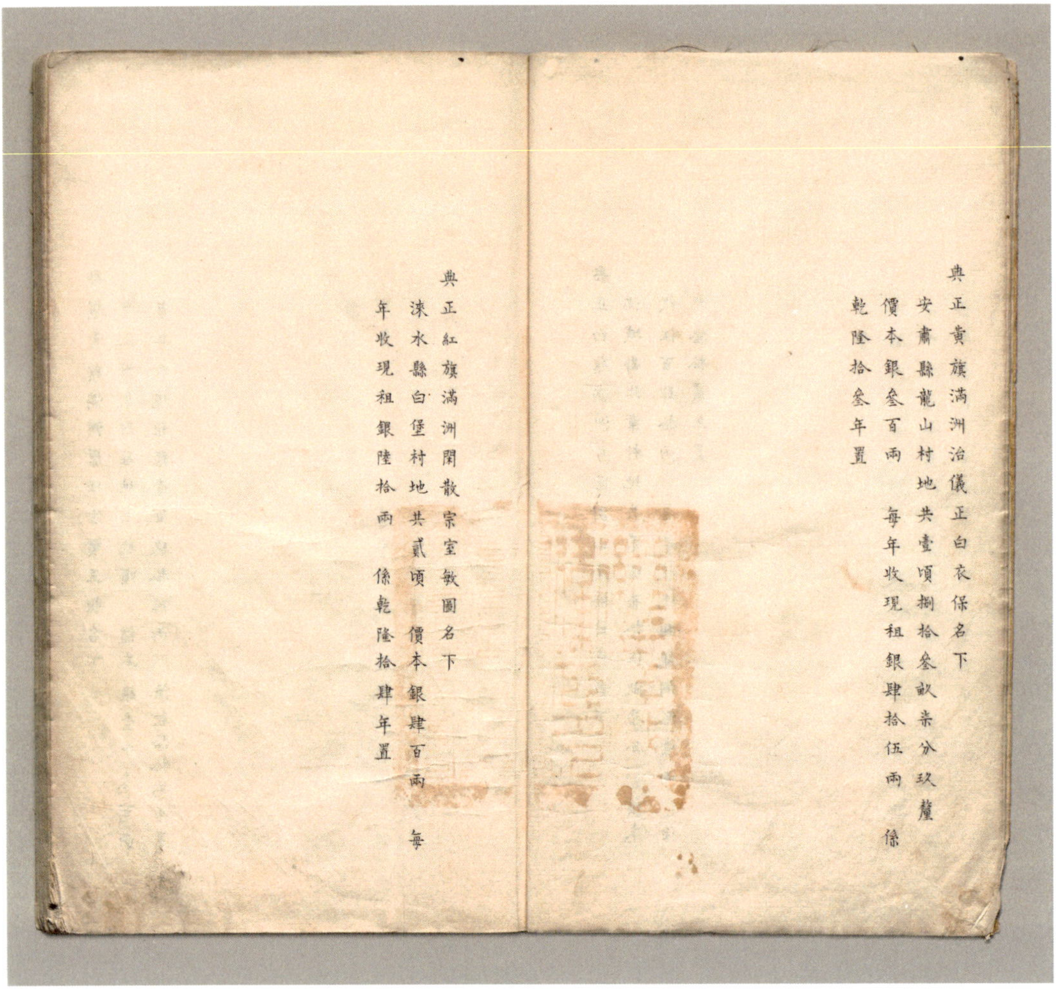

典
正黃旗滿洲治儀正白衣保名下
安肅縣龍山村地共壹頃捌拾叁畝柒分玖釐
價本銀叁百兩　每年收現租銀肆拾伍兩　係
乾隆拾叁年置

典
正紅旗滿洲閑散宗室敏圖名下
淶水縣白堡村地共貳頃　價本銀肆百兩　每
年收現租銀陸拾兩　係乾隆拾肆年置

鑾儀衛生息銀兩典置地畝清册（二）

河南布政使司呈送光緒貳拾伍年拾貳月分各屬米糧價值細數清册（一）

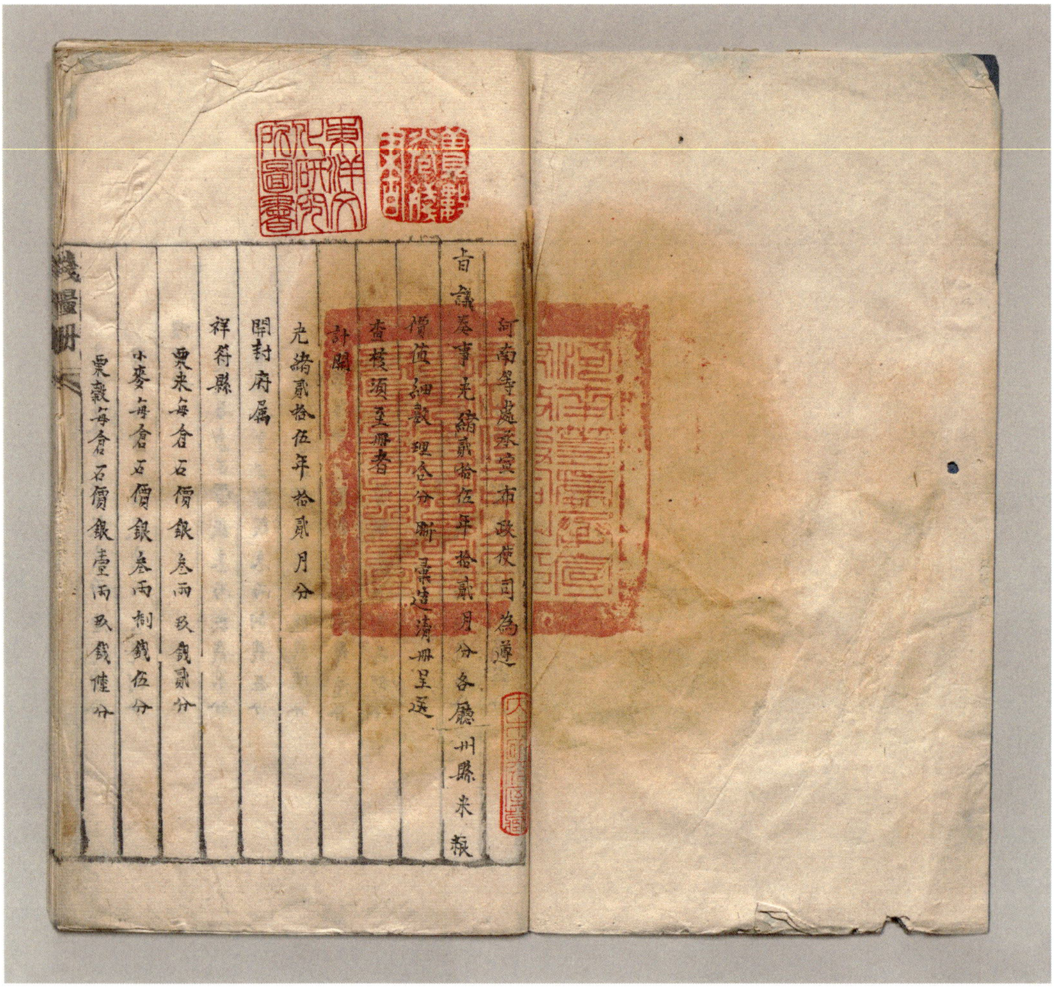

河南等處承宣布政使司為遵
旨議奏事光緒貳拾伍年拾貳月分各廳州縣米糧
價值細數理合分晰彙造清冊呈送
查核須至冊者
計開
光緒貳拾伍年拾貳月分
開封府屬
祥符縣
粟米每倉石價銀叁兩玖錢貳分
小麥每倉石價銀叁兩捌錢伍分
粟穀每倉石價銀壹兩玖錢陸分

河南布政使司呈送光緒貳拾伍年拾貳月分各屬米糧價值細數清冊（二）

山西歸綏道兼歸化關監督造送油酒課銀冊（一）

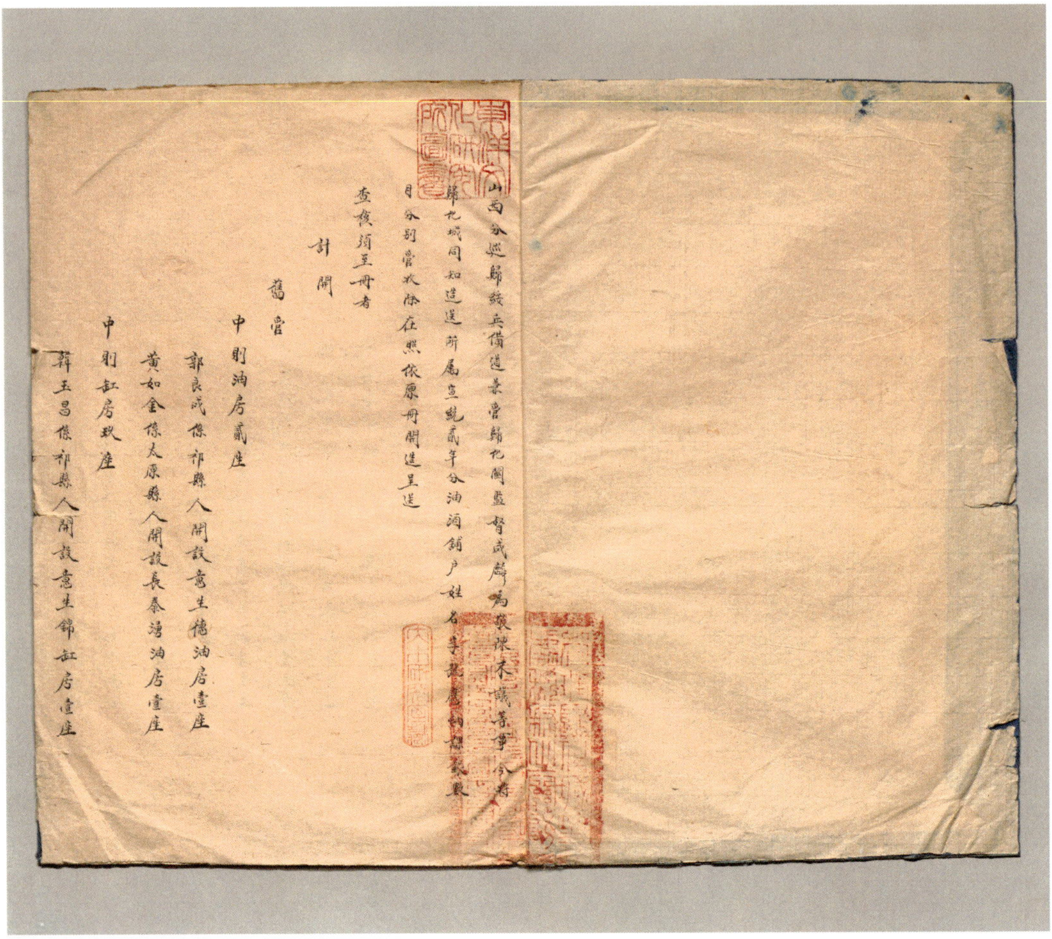
山西分巡歸綏兵備道兼管歸化關監督咸麟為敬陳末議等事今將
歸化城同知造送所屬宣統貳年分油酒鋪戶姓名字號應納課銀數
月分別管收除在照依原冊開造呈送
查核須至冊者
計開
舊管
中則油房貳座
郭良成係祁縣人開設意生德油房壹座
黃如金係太原縣人開設長泰湧油房壹座
中則缸房玖座
韓玉昌係祁縣人開設意生錦缸房壹座

山西歸綏道兼歸化關監督造送油酒課銀冊（二）

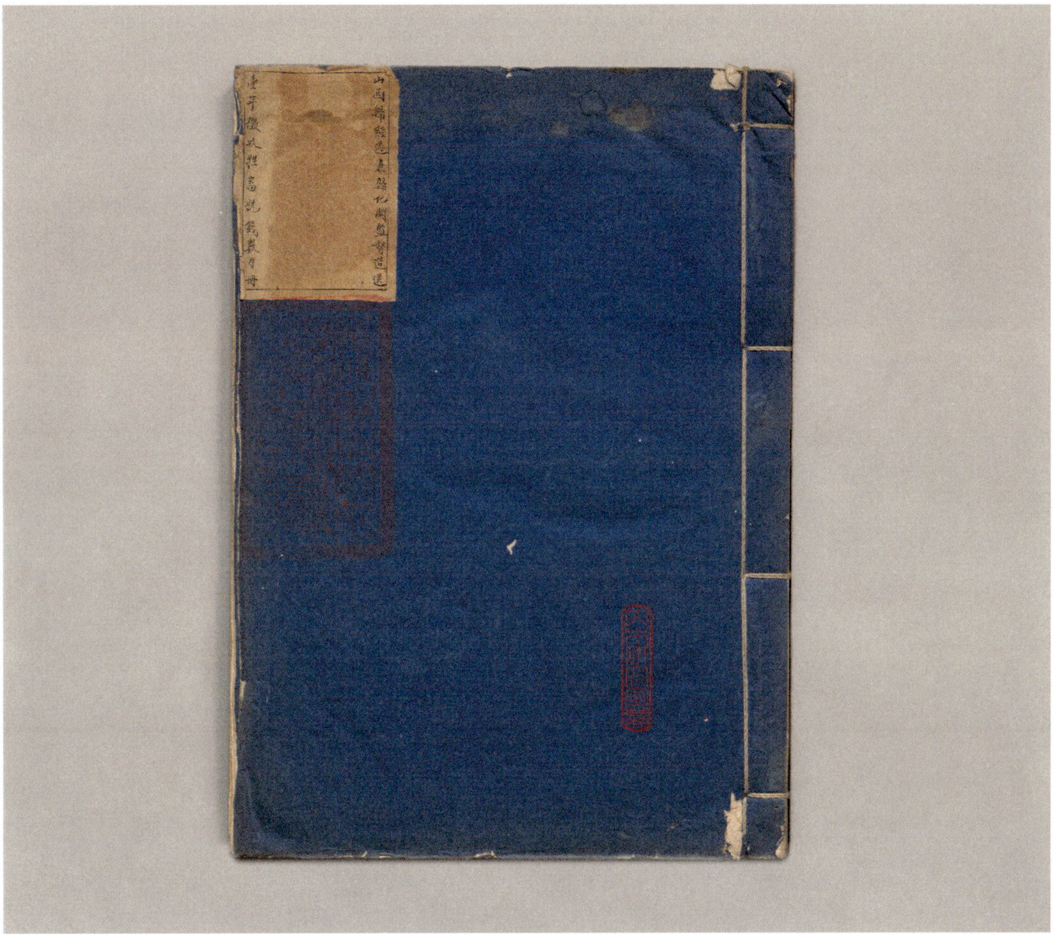

山西歸綏道兼歸化關監督造送壹年徵收牲畜税錢數目册（一）

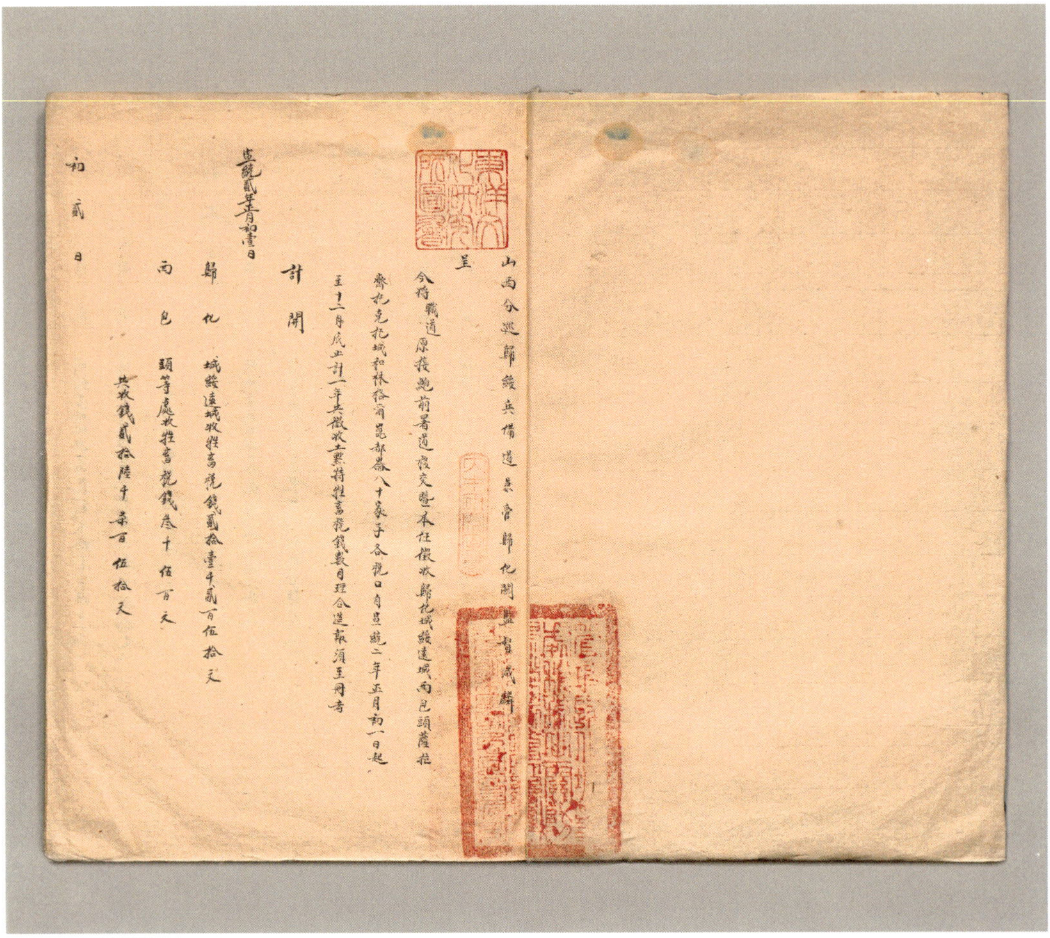

山西分巡歸綏兵備道兼管歸化關監督臣咸麟

呈

今將職道原接繼前署道移交暨本任徵收歸化城綏遠城西包頭薩拉
齊托克托城和林格爾崑都崙八十家子各稅口自宣統二年正月初一日起
至十二月底止計一年共徵收土默特牲畜稅錢數目理合造報須至冊者

計開

歸化城綏遠城收牲畜稅錢貳拾壹千貳百伍拾文

西包頭等處收牲畜稅錢叁千伍百文

共收錢貳拾陸千柒百伍拾文

宣統貳年十二月初壹日

初貳日

山西歸綏道兼歸化關監督造送壹年徵收牲畜稅錢數目册（二）

本册目録

鑾儀衛生息銀兩典置地畝清册

鑾儀衛生息銀兩典置地畝清册

《鑾儀衛生息銀兩典置地畝清册》不分卷，一帙一册，官撰。本册爲清同治六年鑾儀衛爲奏銷事所進呈的同治五年十一月至六年十月所有生息銀兩及原典置地畝清册，内鈐「鑾儀衛印」多枚。清册内逐一開列出生息銀兩所涉及的典（買）土地的原主、所在縣村、頃畝數，以及價本銀、每年收租銀和始置年份等情況。個别地畝後，還載明該地段曾因遭水災衝壞地畝數、應除租銀數，以及開始除租的年份。（張雨）

鑾儀衛生息銀兩典置地畝清册

鑾儀衛謹

奏為奏銷事臣等查自同治五年十一月起至本年十月止所有生息銀兩原典置地捌百陸拾陸頃陸拾柒畝肆分肆釐價本銀拾伍萬柒千柒百柒拾伍兩肆錢壹分壹釐應徵租銀貳萬柒百伍拾伍兩壹分柒釐並節年拖欠肆拾貳萬貳千肆百捌拾陸兩肆錢壹分捌釐今歲據直隸總督解交租銀壹萬柒百肆拾陸兩照數收庫外尚未完租銀肆拾叁萬貳千肆百玖拾伍兩肆錢叁分伍釐謹將地畝清冊恭

呈

御覽

典正黄旗漢軍原任叅領李景網名下
清苑良鄉貳縣中冉等村地共拾貳頃肆拾陸畝
叁分伍釐　價本銀壹千貳百玖拾貳兩捌錢柒
釐　每年收秋租銀壹百玖拾兩叁錢伍分壹釐
係雍正柒年置

典正黃旗滿洲散秩大臣五格名下
安肅縣南庭等村地共肆頃貳畝陸分　價本銀
捌百兩　每年收秋租銀壹百叁拾肆兩陸錢玖
分肆釐　係雍正柒年置

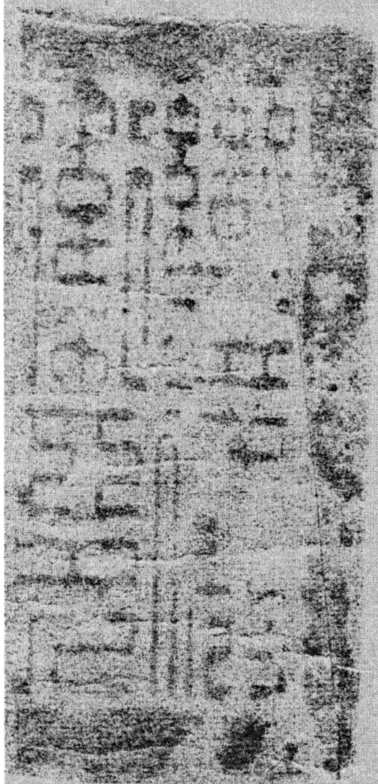

典正黄旗滿洲原任雲麾使三德名下
安肅縣赤魯村地共陸拾畝叁分柒釐價本銀
壹百兩　每年收秋租銀拾伍兩　係雍正拾年置

典鑲黃旗滿洲原任整儀尉伊靈阿名下
昌平州沙各莊地共壹頃陸拾畝　價本銀壹百
捌拾兩　每年收秋租銀叁拾陸兩　係乾隆元
年置

典正白旗滿洲弓匠固山達撥爾或名下
滿城縣北章村地共貳頃柒拾伍畝柒分　價本
銀伍百肆拾兩　每年收現租銀捌拾壹兩　係
乾隆拾貳年置

典正黃旗滿洲治儀正白衣保名下
安肅縣龍山村地共壹頃捌拾叁畝柒分玖釐
價本銀叁百兩　每年收現租銀肆拾伍兩　係
乾隆拾叁年置

典正紅旗滿洲閑散宗室敏圖名下

淶水縣白堡村地共貳頃　價本銀肆百兩　每

年收現租銀陸拾兩　係乾隆拾肆年置

典鑲黄旗滿洲原任佐領玉恒名下

遵化州東新莊地共玖頃　價本銀壹千叁百兩

每年收現租銀壹百玖拾伍兩　係乾隆拾捌年置

典正白旗漢軍治儀正常國樞名下
寶坻縣彩家堡等處地共貳頃貳拾叁畝　價本
銀壹百陸拾兩　每年收現租銀貳拾肆兩　係
乾隆拾玖年置

典正黃旗滿洲閑散覺羅舒圖布名下
東安縣草廠村地共壹頃捌拾畝　價本銀壹百
陸拾兩　每年收現租銀貳拾肆兩　係乾隆拾
玖年置

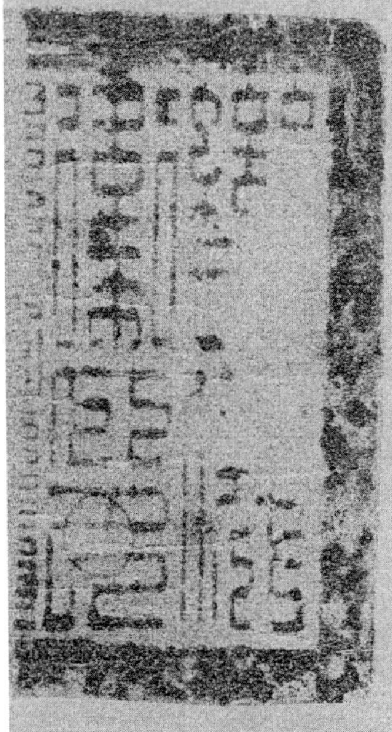

典正黄旗滿洲佐領舒元名下
唐縣南京村地共叁頃伍拾壹畝　價本銀叁百
玖拾柒兩捌錢　每年收現租銀伍拾玖兩陸錢
柒分　係乾隆貳拾年置

典正黄旗蒙古五品廕生第臣名下
安肅縣正村地共貳頃陸拾畝　價本銀伍百兩
每年收現租銀柒拾伍兩　係乾隆貳拾壹年置

典正白旗滿洲員外郎西通額名下
寶坻縣林亭口地共貳頃拾肆畝　價本銀貳百
兩　每年收現租銀叁拾兩　係乾隆貳拾壹年置

典鑲紅旗漢軍治儀正艾宗蘄名下
寶坻縣王府營地共玖拾畝　價本銀壹百拾貳
兩貳錢叁分叁釐　每年收現租銀拾陸兩捌錢
肆分　係乾隆貳拾貳年置

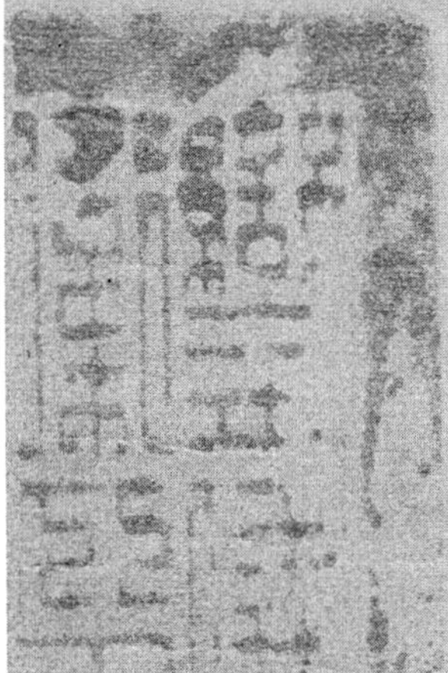

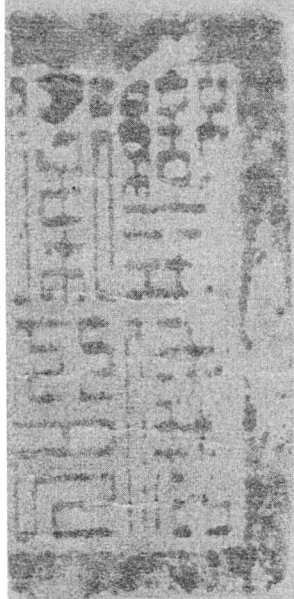

典
鑲黄旗滿洲佐領瑺衡名下
薊州董各莊地共肆頃貳拾柒畝 價本銀叁百
陸拾陸兩陸錢陸分柒釐 每年收現租銀伍拾
伍兩 係乾隆貳拾貳年置

典正黄旗蒙古筆帖式關福名下
宛平縣南各莊地共陸拾陸畝　價本銀壹百壹
兩玖錢陸分壹釐　每年收現租銀拾肆兩肆錢
肆分肆釐　係乾隆貳拾貳年置

典正黃旗滿洲官學生德成名下
唐縣北放水村地共伍頃肆拾肆畝玖分貳釐
價本銀壹千貳百伍兩伍錢叁分柒釐　每年收
現租銀壹百柒拾兩柒錢捌分伍釐　係乾隆貳
拾貳年置

典正黃旗蒙古官學生興福名下
完縣郭村地共叁頃　價本銀陸百兩　每年收
現租銀玖拾兩　係乾隆貳拾伍年置

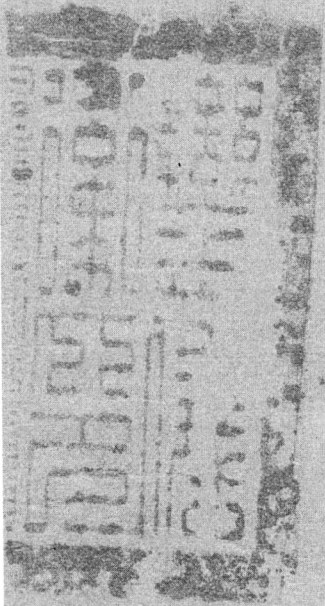

典正黄旗漢軍整儀尉李景諒名下
三河縣容家馬房地共貳頃拾畝　價本銀貳百
肆拾兩　每年收現租銀叁拾陸兩　係乾隆貳
拾陸年置

典正紅旗滿洲四品官麻色名下
望都縣白岳等村地共陸頃叁拾畝　價本銀柒
百拾貳兩肆錢捌分壹釐　每年收現租銀壹百
陸兩捌錢柒分貳釐　係乾隆叁拾年置

典鑲藍旗滿洲宗室公嵩椿名下
宛平縣常相城地共壹頃捌拾畝　價本銀叁百
肆拾捌兩　每年收現租銀伍拾貳兩貳錢　係
乾隆叁拾壹年置

典正藍旗滿洲養育兵松年名下
灤州大宅村地共肆頃貳拾貳畝　價本銀壹百
捌拾貳兩肆錢　每年收現租銀叁拾貳兩肆錢
玖分　係乾隆叁拾壹年置

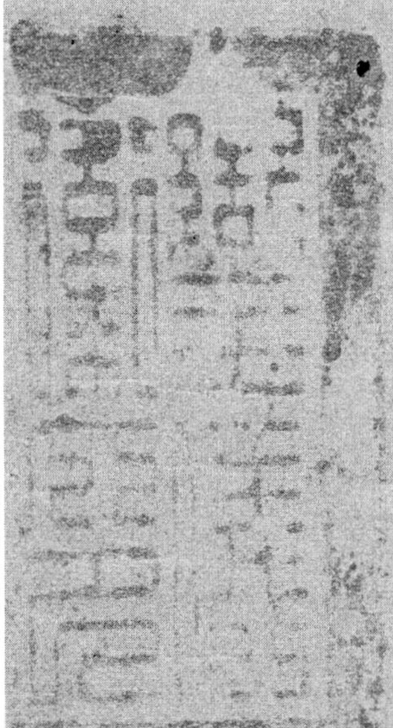

典正黄旗滿洲拜唐阿保春名下
河間縣南路等村地共伍頃伍拾畝　價本銀伍
百叁拾叁兩叁錢叁分叁釐　每年收現租銀捌
拾兩　係乾隆叁拾壹年置

典鑲黃旗滿洲拜唐阿巴隆阿名下

遵化州李各莊地共貳頃柒拾畝　價本銀叁百

兩　每年收現租銀肆拾伍兩　係乾隆叁拾壹

年置

典正黄旗滿洲養育兵嘉明名下
清苑縣白城村地共叁頃貳拾壹畝　價本銀肆
百伍拾玖兩肆錢肆分肆釐　每年收現租銀陸
拾捌兩玖錢壹分柒釐　係乾隆叁拾壹年置

典正白旗蒙古佐領永安名下
雄縣劉政村地共玖頃柒拾畝　價本銀陸百肆
拾陸兩陸錢陸分陸釐　每年收現租銀玖拾柒
兩　係乾隆叁拾壹年置

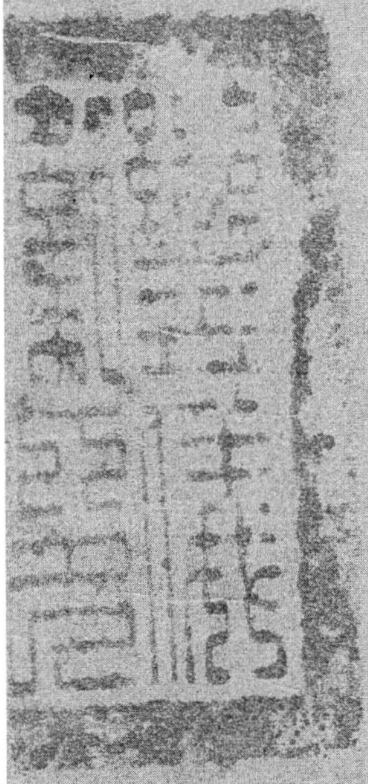

典鑲黃旗包衣撥什庫達亢忠名下
宻雲縣栗榛賽地共捌頃貳畝 價本銀壹千肆
百陸拾陸兩陸錢陸分陸釐 每年收現租銀壹
百柒拾陸兩壹錢柒分玖釐 係乾隆叁拾貳年置
此項地畝內道光拾壹年據直隸總督咨報被水
沖地拾叁畝貳分肆釐應除租銀叁兩玖錢柒分
捌釐實存地柒頃捌拾捌畝柒分陸釐租銀壹百
柒拾貳兩貳錢壹釐道光拾壹年除租為始合併
聲明

典鑲黄旗滿洲筆帖式明興名下

遵化州唐縣放水等村地共叁頃拾捌畝伍分

價本銀叁百伍拾貳兩貳錢叁分柒釐　每年收

現租銀伍拾貳兩捌錢叁分陸釐　係乾隆叁拾

貳年置

典正紅旗滿洲副護軍校平泰名下
任邱縣長店等村地共玖頃貳拾壹畝伍分　價
本銀貳千壹百伍拾壹兩捌錢伍分　每年收現
租銀叁百貳拾貳兩柒錢柒分捌釐　係乾隆叁
拾貳年置

典正黄旗滿洲繙譯官達靈阿名下

清苑縣齊贊莊地共貳頃陸拾伍畝　價本銀叁

百肆拾肆兩肆錢肆分　每年收現租銀伍拾壹

兩陸錢陸分陸釐　係乾隆叁拾叁年置

典鑲藍旗滿洲宗室公嵩椿名下

固安縣黄垡村地共陸頃，價本銀壹千兩。每

年收現租銀壹百伍拾兩。係乾隆叁拾叁年置

典
正黃旗蒙古散秩大臣伯烏彌泰名下
清苑縣完縣何家橋等村地共陸頃拾壹畝貳分
伍釐　價本銀壹千叁拾柒兩叁分柒釐　每年
收現租銀壹百伍拾伍兩伍錢伍分陸釐　係乾
隆叁拾肆年置

典
鑲黄旗满洲親軍鍾德名下
遵化州司各莊等處地共叁頃叁拾壹畝壹分柒
釐　價本銀壹百捌拾伍兩壹錢捌分伍釐　每
年收現租銀貳拾柒兩柒錢柒分捌釐　係乾隆
叁拾捌年置

典正藍旗滿洲員外郎海明名下

灤州雙山等莊地共拾壹頃拾叁畝伍分　價本

銀捌百伍拾叁兩叁錢叁分叁釐　每年收現租

銀壹百貳拾捌兩　係乾隆叁拾捌年置

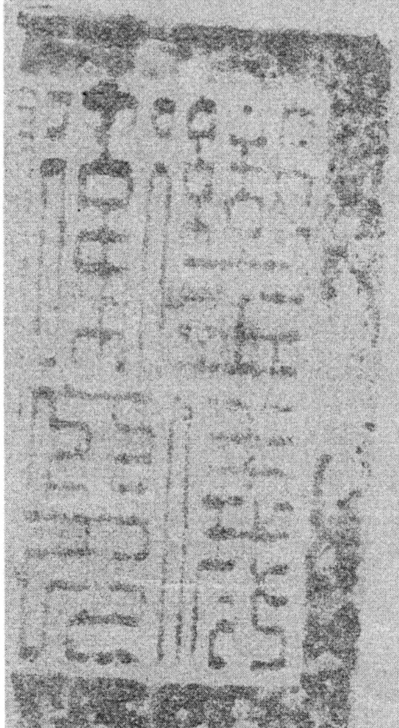

典正白旗包衣庫掌海明名下
武清縣黄官屯村地共伍頃柒拾肆畝價本銀
叁百玖拾玖兩貳錢 每年收現租銀伍拾玖兩
捌錢捌分 係乾隆叁拾捌年置

典正藍旗滿洲輔國將軍宗室弘豐名下
天津縣李公樓鹽坨地共叁拾柒畝伍分伍釐
價本銀叁千叁拾叁兩叁錢叁分叁釐　每年收
現租銀肆百伍拾伍兩　係乾隆叁拾捌年置

典鑲黄旗满洲冠軍使兆全名下
遵化州中灘莊地共貳頃叁拾伍畝　價本銀叁
百叁拾叁兩叁錢叁分叁釐　每年收現租銀伍
拾兩　係乾隆叁拾捌年置

典
鑲黃旗滿洲冠軍使海福名下
博野縣孟各莊等村地共拾頃伍拾玖畝叁分陸
釐　價本銀捌百肆拾柒兩肆錢捌分陸釐　每
年收現租銀壹百貳拾柒兩壹錢貳分叁釐　係
乾隆肆拾貳年置

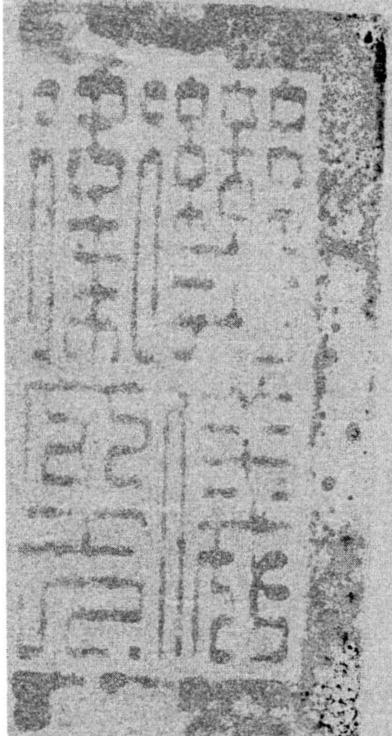

典鑲白旗包衣原任包衣達阿克詹名下
遵化州薊州李金車等莊地共陸頃伍拾壹畝伍
分　價本銀陸百柒拾肆兩壹錢肆分柒釐　每
年收現租銀壹百壹兩壹錢貳分貳釐　係乾隆
肆拾貳年置

典正黄旗滿洲冠軍使七明阿名下
任邱縣南丁家務等處地共叄頃叄拾畝　價本
銀肆百肆拾兩　每年收現租銀陸拾陸兩　係
乾隆肆拾貳年置

典正藍旗滿洲二等護衛伊昌阿名下

薊州耿各等莊地共柒頃　價本銀壹千肆百叁拾叁兩叁錢叁分肆釐　每年收現租銀貳百拾伍兩　係乾隆肆拾貳年置

典鑲黃旗滿洲閑散托莫圖名下
文安玉田高陽雄縣新安伍縣盧各莊等處地共
肆拾頃柒拾捌畝陸分柒釐　價本銀柒千玖百
伍拾肆兩捌錢貳分柒釐　每年收現租銀壹千
貳百肆拾叁兩　係乾隆肆拾貳年置

典正黄旗滿洲養育兵巴揚阿名下
完縣西魏村地共貳頃貳拾肆畝　價本銀肆百
玖拾柒兩柒錢柒分捌釐　每年收現租銀柒拾
肆兩陸錢陸分柒釐　係乾隆肆拾叁年置

典鑲黄旗滿洲都司英偉名下
延慶州屠家營地共壹頃柒拾伍畝　價本銀肆
百叁拾玖兩　每年收現租銀陸拾伍兩捌錢伍
分　係乾隆肆拾叁年置

典巴林和碩額駙德勒克名下
房山縣南章等村地共拾玖頃陸拾貳畝　價本
銀叁千伍百拾肆兩肆錢捌分壹釐　每年收現
租銀伍百貳拾柒兩壹錢柒分貳釐　係乾隆肆
拾叁年置

典正紅旗滿洲鎮國將軍宗室恒慶名下

文安縣李各莊等處地共柒頃捌拾柒畝伍分

價本銀柒百伍拾捌兩陸錢　每年收現租銀壹

百拾叁兩柒錢玖分　係乾隆肆拾叁年置

典正白旗包衣郎中方體祖名下
雄縣文安新城叁縣神堂等村地共拾肆頃叁拾
陸畝貳分陸釐　價本銀貳千伍百肆拾捌兩伍
錢柒分肆釐　每年收現租銀叁百捌拾貳兩貳
錢捌分陸釐　係乾隆肆拾叁年置

典
鑲藍旗滿洲閑散庫蒙額名下
文安縣趙各等莊地共拾玖頃肆拾壹畝玖分
價本銀貳千捌百肆兩壹錢壹分壹釐　每年收
現租銀肆百貳拾兩陸錢壹分柒釐　係乾隆肆
拾叁年置

典
鑲黃旗滿洲備箭拜唐阿額林親名下
遷安縣建昌營七里坎地共叁頃陸畝伍分　價
本銀伍百玖拾兩柒錢肆分柒釐　每年收現租
銀捌拾捌兩陸錢壹分貳釐　係乾隆肆拾叁年置

典鑲黄旗滿洲雲麾使靈福名下
薊州徐家莊地共伍頃柒拾畝貳釐　價本銀陸
百兩　每年收現租銀玖拾兩　係乾隆肆拾陸
年置

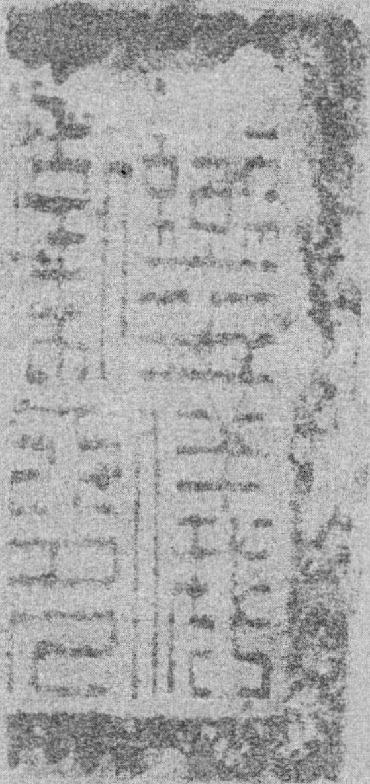

典正黄旗滿洲候補筆帖式恒常名下
易州界安等村地共伍頃叁拾捌畝價本銀玖
百貳拾壹兩肆錢柒分肆釐每年收現租銀壹
百叁拾捌兩貳錢貳分壹釐　係乾隆肆拾柒年置

典正黃旗漢軍雲麾使耿杓名下
蠡縣南玉田等村地共貳頃叁拾叁畝壹分　價
本銀壹百捌拾玖兩玖錢叁分叁釐　每年收現
租銀貳拾捌兩肆錢玖分　係乾隆肆拾柒年置

典
鑲藍旗滿洲頭等侍衛宗室永勤名下
任邱淶水貳縣守練等村地共拾頃伍拾陸畝陸
分　價本銀壹千叁百柒拾玖兩陸錢貳分　每
年收現租銀貳百陸兩玖錢肆分叁釐　係乾隆
肆拾玖年置

典正黄旗蒙古三等侍衛伍彌烏遜名下
蠡縣高陽清苑叁縣堤口等村地共拾陸頃伍拾
肆畝肆分　價本銀肆千叁百叁拾叁兩肆錢貳
分貳釐　每年收現租銀陸百伍拾兩壹分叁釐
係乾隆肆拾玖年置

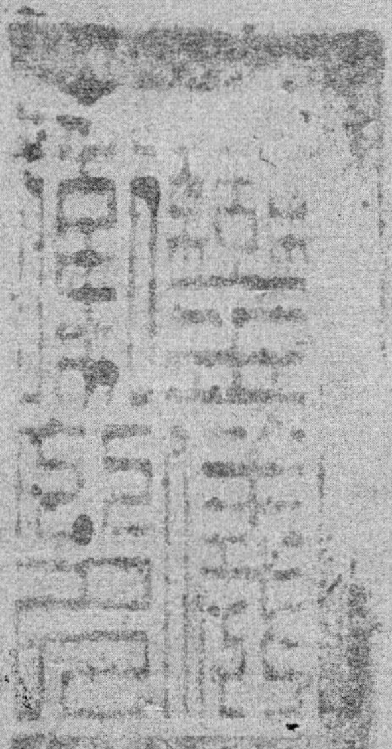

典鑲黄旗滿洲藍翎侍衛德倫名下

任邱縣小堤地共壹頃貳拾畝　價本銀壹百拾

捌兩陸錢陸分柒釐　每年收現租銀拾柒兩捌

錢　係乾隆伍拾貳年置

買鑲黄旗滿洲拜唐阿副達頟勒謹名下
薊州小八溝等莊地共拾壹頃玖分陸釐　價本
銀貳千貳百柒拾壹兩叁錢叁分叁釐　每年收
現租銀貳百柒拾貳兩伍錢陸分　係乾隆伍拾
年置

買正白旗滿洲冠軍使白明名下
寶坻縣王各莊地共柒頃貳拾柒畝伍分　價本
銀柒百捌拾捌兩捌錢貳分貳釐　每年收現租
銀壹百陸兩肆錢玖分壹釐　係乾隆伍拾年置

買正白旗滿洲養育兵僧格納名下
寶坻縣蛤窩莊等處地共伍頃肆拾陸畝叁分伍
釐　價本銀捌百柒拾捌兩捌錢柒釐　每年收
現租銀壹百拾捌兩陸錢叁分玖釐　係乾隆伍
拾年置

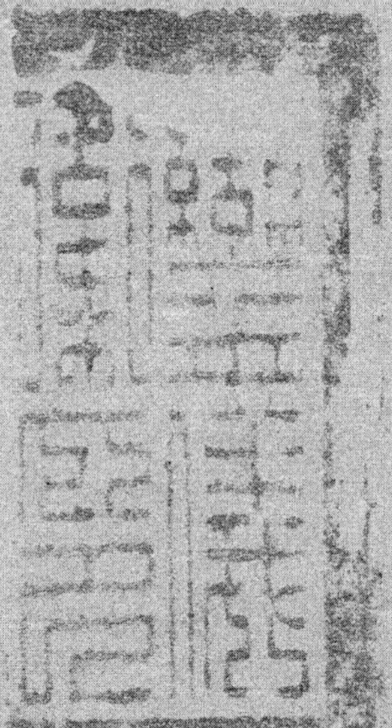

買正藍旗滿洲監生舒譫名下
易州百福裴山等村地共拾柒頃伍拾肆畝肆分
價本銀肆千叁百柒兩陸錢柒分　每年收現租
銀伍百捌拾壹兩伍錢叁分陸釐　係乾隆伍拾
年置

買正黃旗滿洲三等侍衛保鑑名下
大興縣采育廣福寺村地共伍頃伍畝　價本銀
捌百捌拾捌兩捌錢捌分捌釐　每年收現租銀
壹百貳拾兩　係乾隆伍拾年置

買鑲紅旗滿洲馬甲巴克唐阿名下
延慶州城西張老營等村地共伍頃玖拾壹畝
價本銀肆百肆拾肆兩柒錢叁分叁釐　每年收
現租銀伍拾叁兩叁錢陸分捌釐　係乾隆伍拾
壹年置

買鑲黃旗滿洲將軍存泰名下
灤州樂亭縣馬各莊等處地共拾頃柒畝玖分伍
釐　價本銀壹千捌百柒拾兩叁錢陸分陸釐
每年收現租銀貳百貳拾肆兩肆錢肆分肆釐
係乾隆伍拾壹年置

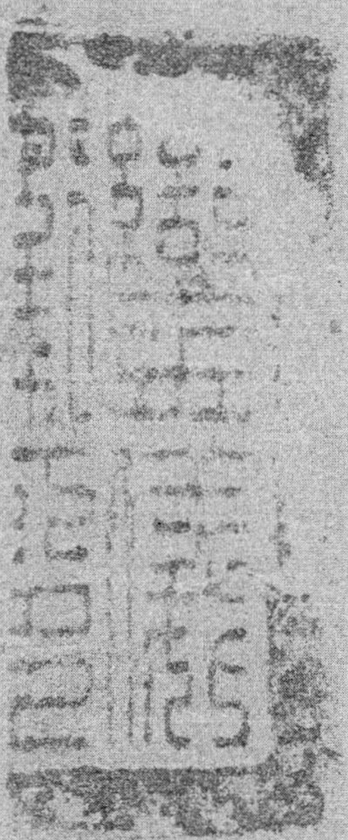

買正白旗滿洲員外郎額爾登布名下

蠡縣林甫等村地共貳拾肆頃拾伍畝伍分貳釐

價本銀叁千伍百捌拾玖兩陸錢柒分伍釐　每

年收現租銀肆百叁拾兩柒錢陸分壹釐　係乾

隆伍拾壹年置

買内務府正黃旗副催長興泰名下
蠡縣南宗北宗馬家佐等處地共貳拾壹頃拾伍
畝伍分捌釐　價本銀貳千貳百伍拾貳兩柒錢
每年收現租銀貳百柒拾兩叁錢貳分肆釐　係
乾隆伍拾壹年置

買正紅旗滿洲原任城守尉宗室永榮名下

灤州范各莊地共拾肆頃玖拾陸畝　價本銀壹

千柒百柒拾伍兩捌錢玖分壹釐　每年收現租

銀貳百拾叁兩壹錢柒釐　係乾隆伍拾壹年置

買鑲紅旗滿洲宗室成恩名下
滿城縣大柵營等村地共陸頃柒拾叁畝貳分
價本銀壹千叁百肆拾壹兩陸錢陸分柒釐　每
年收現租銀壹百陸拾壹兩　係乾隆伍拾壹年置

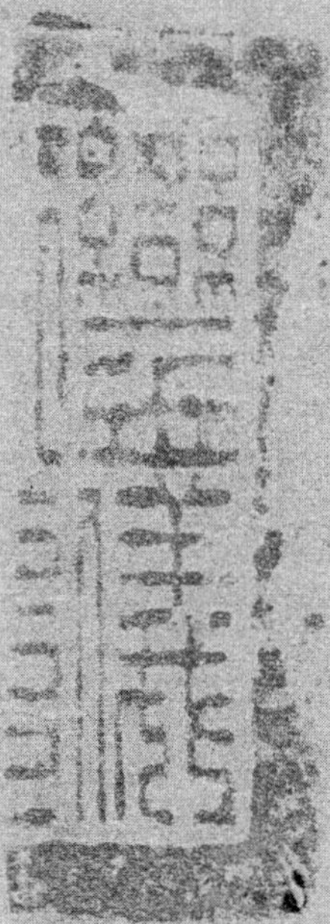

買内務府正白旗筆帖式富僧額名下
薊州三河縣五里莊等處地共柒頃玖拾壹畝玖
釐價本銀壹千陸百柒拾玖兩陸錢伍分柒釐
每年收現租銀貳百壹兩伍錢伍分玖釐係乾
隆伍拾壹年置
此項地畝内道光柒年據直隸總督咨報三河縣
地内被水冲地伍畝伍分柒釐應除租銀壹兩貳
錢玖分陸釐實存地柒頃捌拾伍畝伍分貳釐租
銀貳百兩貳錢陸分叁釐道光柒年除租為始合
併聲明

買正黃旗滿洲筆帖式富勒渾名下

滿城縣賈村等村地共柒頃伍拾畝　價本銀壹千壹百壹兩捌錢玖分貳釐　每年收現租銀壹百叁拾貳兩貳錢貳分柒釐　係乾隆伍拾壹年置

買鑲黃旗滿洲親軍福英名下
懷來縣四營等村地共玖頃叁拾畝　價本銀捌
百貳拾陸兩柒錢柒分捌釐　每年收現租銀壹
百拾壹兩陸錢壹分伍釐　係乾隆伍拾壹年置

買正白旗滿洲二等侍衛阿爾搭什廸名下

永清縣小強村地共玖頃陸拾叁畝伍分　價本

銀壹千肆百伍拾貳兩玖錢陸分叁釐　每年收

現租銀壹百玖拾陸兩壹錢伍分　係乾隆伍拾

壹年置

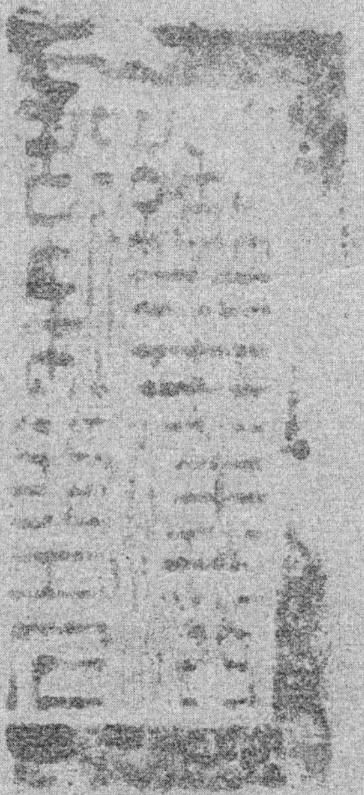

買正黄旗蒙古佐領雅滿泰名下
滿城縣王各莊地共叁頃叁拾畝　價本銀叁百
伍拾貳兩伍錢玖分貳釐　每年收現租銀肆拾
柒兩陸錢　係乾隆伍拾壹年置

買正黄旗蒙古閑散公來名下
滿城縣南園村地共叁頃陸拾畝伍分　價本銀
伍百貳拾肆兩柒分肆釐　每年收現租銀柒拾
兩柒錢伍分　係乾隆伍拾壹年置

買正黄旗蒙古原任副都統舒明名下

滿城縣南園村地共肆頃肆拾壹畝　價本銀陸

百陸拾柒兩柒錢肆釐　每年收現租銀玖拾兩

壹錢肆分　係乾隆伍拾壹年置

買鑲黃旗滿洲原任三等侍衛伊明名下
文安縣李各莊地共捌頃拾畝　價本銀壹千肆
百拾貳兩叁分叁釐　每年收現租銀壹百陸拾
玖兩肆錢肆分肆釐　係乾隆伍拾壹年置

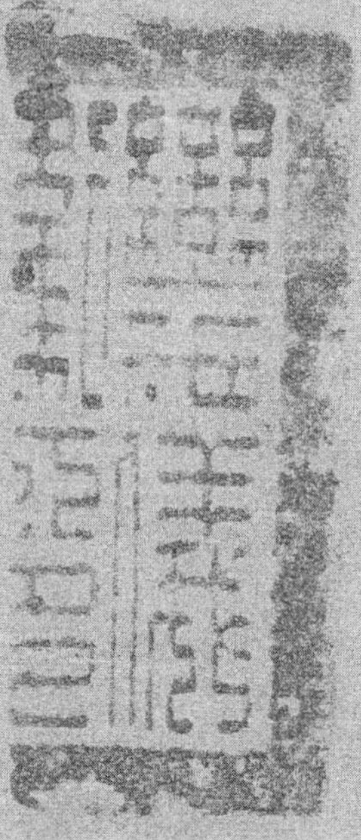

買

鑲黄旗滿洲三等侍衛伊明名下

通州東堡莊地共壹頃柒拾壹畝伍分叁釐　價

本銀貳百叁拾貳兩伍錢　每年收現租銀貳拾

柒兩玖錢　係乾隆伍拾壹年置

買內務府正黃旗郎中福克精額名下
東安縣董家常甫村地共壹頃叁拾柒畝　價本
銀壹百肆拾貳兩貳錢玖分貳釐　每年收現租
銀拾柒兩柒分伍釐　係乾隆伍拾壹年置

買正黄旗滿洲宗室蒸山保名下
滿城縣大留等村地共叁頃貳拾伍畝壹分　價
本銀陸百柒拾兩捌錢叁分叁釐　每年收現租
銀捌拾兩伍錢　係乾隆伍拾貳年置

買鑲白旗滿洲詹事府少詹事慶齡名下

樂亭遷安貳縣閻各莊吉蘭莊等處地共叁拾陸頃伍拾捌畝叁分捌釐　價本銀捌千柒百貳拾陸兩伍錢壹分陸釐　每年收現租銀壹千肆拾柒兩壹錢捌分貳釐　係乾隆伍拾貳年置

此項地畝內道光陸年據直隸總督咨報遷安縣地內被水沖地伍拾伍畝應除租銀陸兩肆錢叁分叁釐實存地叁拾陸頃叁畝叁分捌釐租銀壹千肆拾兩柒錢肆分玖釐道光柒年除租為始玖年又據直隸總督咨報遷安縣地內被水沖地貳拾貳畝伍分應除租銀陸兩捌錢叁分實存地叁拾伍頃捌拾畝捌分捌釐租銀壹千叁拾叁兩玖

錢壹分玖釐道光玖年除租為始貳拾叁年又據
直隸總督咨報還安縣地内被水冲地伍拾伍畝
柒分應除租銀拾捌兩叁錢肆分伍釐實存地叁
拾伍頃貳拾伍畝壹分捌釐租銀壹千拾伍兩伍
錢柒分肆釐道光貳拾叁年除租為始合併聲明

買鑲黄旗滿洲藍翎侍衛德倫名下
任邱縣三趙各莊地共拾陸頃柒拾陸畝陸分
價本銀伍千肆百玖拾陸兩捌錢肆分玖釐　每
年收現租銀陸百伍拾玖兩陸錢貳分貳釐　係
乾隆伍拾貳年置

買鑲黃旗漢軍閑散范建慈名下
平谷縣大新賽地共壹頃肆拾叄畝捌分貳釐
價本銀貳百柒拾貳兩貳錢捌釐　每年收現租
銀叄拾貳兩陸錢陸分伍釐　係乾隆伍拾貳年置

買內務府正白旗筆帖式祥英名下
霸州永清固安叁州縣霍家辛莊等村地共拾頃
拾壹畝　價本銀壹千伍百捌拾伍兩肆錢壹分
柒釐　每年收現租銀壹百玖拾兩貳錢伍分
係乾隆伍拾貳年置

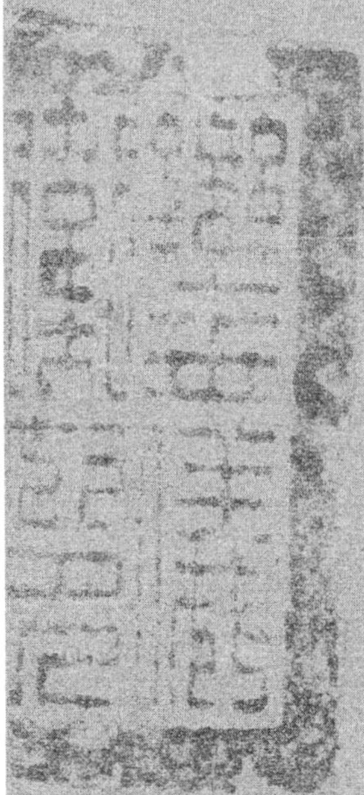

買鑲黄旗满洲忠勇公豐伸濟倫名下
唐縣民安莊等處水旱地共肆拾貳頃捌拾叁畝
捌分叁釐　價本銀玖千叁百捌拾肆兩貳錢伍
分捌釐　每年收現租銀壹千壹百貳拾陸兩壹
錢壹分壹釐　係乾隆伍拾貳年置

買鑲黄旗包衣頭等護衛黑達塞名下
永清縣西南劉營村地共柒頃貳拾畝　價本銀
壹千叁百叁拾叁兩叁錢叁分叁釐　每年收現
租銀壹百陸拾兩　係乾隆伍拾貳年置

買内務府正黄旗郎中福克精額名下
涿州柳河營等村地共柒頃叁畝叁分玖釐　價
本銀柒百捌拾柒兩叁分叁釐　每年收現租銀
玖拾肆兩肆錢肆分肆釐　係乾隆伍拾貳年置

買鑲黄旗滿洲閑散英秀名下

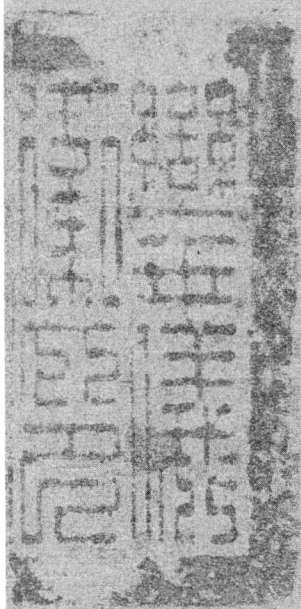

新城縣姚家莊地共肆頃貳拾肆畝壹分　價本

銀伍百玖拾叁兩叁錢玖分　每年收現租銀捌

拾兩壹錢捌釐　係乾隆伍拾貳年置

買正紅旗滿洲候補筆帖式觀誠名下
文安縣冦裏冦崗等村地共拾柒頃拾畝伍分
價本銀壹千玖百捌拾壹兩玖錢伍分柒釐　每
年收現租銀貳百陸拾柒兩伍錢陸分肆釐　係
乾隆伍拾柒年置

買正藍旗滿洲鎮國將軍宗室弘嵩名下
東安縣北石等村地共拾伍頃　價本銀壹千叁
百肆拾壹兩伍錢陸分叁釐　每年收現租銀壹
百捌拾壹兩壹錢壹分壹釐　係乾隆伍拾玖年置

買正藍旗滿洲貝子弘曨名下

通州崔家樓等處地共貳頃陸拾壹畝陸分貳釐

價本銀陸百陸拾陸兩陸錢陸分柒釐　每年收

現租銀玖拾兩　係乾隆伍拾玖年置

此項地畝內道光捌年據直隸總督咨報被水冲

地貳拾柒畝壹分貳釐應除租銀拾壹兩伍分實

存地貳頃叁拾肆畝伍分租銀柒拾捌兩玖錢伍

分道光捌年除租為始合併聲明

買正黄旗滿洲冠軍使舞爾青阿名下

任邱縣鄭州王家莊等處地共壹頃伍拾壹畝

價本銀叁百伍拾玖兩陸錢柒分伍釐　每年收

現租銀肆拾叁兩壹錢陸分壹釐　係乾隆陸拾

年置

買正白旗滿洲郎中舒端名下
易州山南等村地共貳頃柒拾捌畝　價本銀陸
百拾陸兩肆錢陸分　每年收現租銀捌拾叁兩
貳錢貳分貳釐　係乾隆陸拾年置

買正紅旗滿洲二等侍衛覺羅富僧額名下
任卯縣金表等村地共捌頃叁拾柒畝玖分貳釐
價本銀壹千壹百陸拾叁兩貳錢柒分肆釐　每
年收現租銀壹百伍拾柒兩肆分貳釐　係嘉慶
元年置

買正藍旗滿洲鳴贊鞭官恒山名下
薊州馬營等莊地共肆頃陸拾畝　價本銀肆百
玖拾肆兩柒分肆釐　每年收現租銀伍拾玖兩
貳錢捌分玖釐　係嘉慶貳年置

買正白旗滿洲冠軍使阿玉寶名下
灤州公案橋地共壹頃伍分叁釐　價本銀貳百
兩　每年收現租銀貳拾柒兩　係嘉慶貳年置

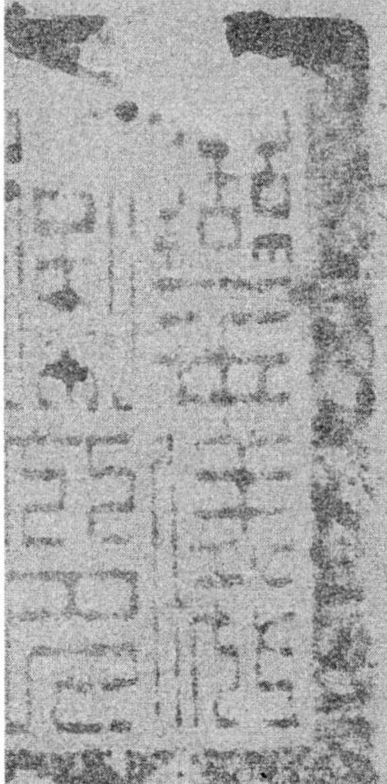

買正紅旗滿洲候補筆帖式觀誠名下

大興順義二縣鐵匠營馬家營等村地共拾捌頃

玖畝伍分　價本銀貳千陸百陸拾捌兩柒錢貳

分肆釐　每年收現租銀叁百陸拾兩貳錢柒分

捌釐　係嘉慶貳年置

買正紅旗滿洲候補筆帖式觀穗名下
通州永樂店等村地共叁拾肆畝陸分　價本銀
壹百捌拾兩叁錢柒分　每年收現租銀貳拾肆
兩叁錢伍分　係嘉慶貳年置

買正黄旗滿洲原任雲麾使穆克登布名下
蠡縣趙叚莊地共壹頃捌拾柒畝伍分　價本銀
肆百拾陸兩陸錢陸分柒釐　每年收現租銀伍
拾兩　係嘉慶叁年置

買內務府正白旗苑副吉泰名下
蠡縣西河等村地共貳拾叁頃捌拾玖畝壹分捌
釐　價本銀貳千叁百貳拾貳兩柒錢柒分捌釐
每年收現租銀貳百柒拾捌兩柒錢叁分捌釐
係嘉慶拾捌年置

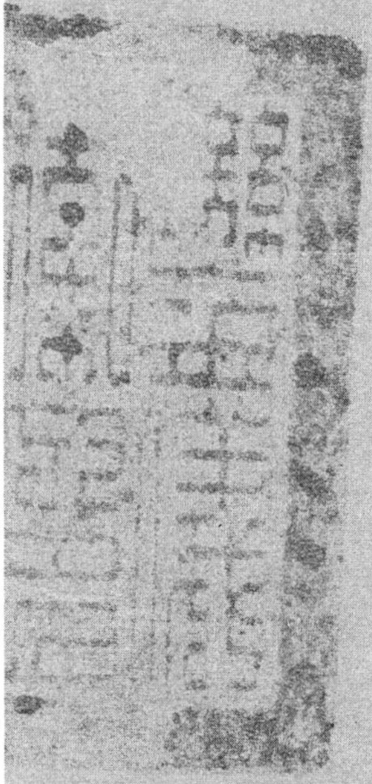

買正藍旗包衣三等護衛慶良名下
昌平州半壁店地共貳頃伍拾畝　價本銀貳百
陸拾陸兩陸錢陸分柒釐　每年收現租銀叁拾
貳兩　係嘉慶貳拾貳年置

買正黃旗滿洲閑散英秀名下
安肅滿城貳縣謝方營玉山等村地共拾捌頃陸
畝貳分陸釐　價本銀肆千兩壹錢壹分伍釐
每年收現租銀肆百捌拾兩壹分叁釐　係道光
柒年置

買鑲黄旗滿洲冠軍使德銘名下

任卯文安貳縣大徵任家董村等村地共貳拾貳

頃貳拾伍畝玖分貳釐　價本銀叁千柒百肆拾

肆兩玖分壹釐　每年收現租銀肆百肆拾玖兩

貳錢玖分壹釐　係道光柒年置

買正黃旗滿洲冠軍使佛麟名下

任邱縣李各莊等村地共伍頃陸拾玖畝貳分

價本銀壹千肆百玖拾叁兩叁錢柒分　每年收

現租銀壹百柒拾玖兩貳錢肆釐　係道光捌年置

買鑲黄旗滿洲冠軍使德銘名下
高陽縣季郎邊渡口等村地共捌頃伍拾肆畝捌
分捌釐　價本銀叁千叁百肆拾玖兩貳錢叁釐
每年收現租銀肆百壹兩玖錢肆釐　係道光拾
貳年置

買鑲黄旗滿洲鑾儀使德銘名下
順義縣東府村地共拾肆頃玖拾肆畝　價本銀
叁千玖百伍拾貳兩肆錢陸分貳釐　每年收現
租銀肆百柒拾肆兩貳錢玖分伍釐　係道光拾
肆年置

買正紅旗滿洲冠軍使寶奎名下
玉田縣鴉鴻橋宣玉選等村地共貳拾頃柒畝捌
分貳釐　價本銀肆千玖百玖拾伍兩壹錢陸分
陸釐　每年收現租銀伍百玖拾玖兩肆錢貳分
係道光拾伍年置

買鑲黃旗滿洲原任鑾儀使德銘名下
清苑縣于家莊御村等村地共叁拾頃捌拾壹畝
捌分叁釐　價本銀壹萬貳千伍百陸拾柒兩壹
錢壹分　每年收現租銀壹千伍百捌兩伍分叁
釐　係道光拾捌年置

河南布政使司呈送光緒貳拾伍年拾貳月分各屬米糧價值細數清册

河南布政使司呈送光緒貳拾伍年拾貳月分各屬米糧價值細數清册

《河南布政使司呈送光緒貳拾伍年拾貳月分各屬米糧價值細數清册》，官撰。一册，封皮爲青藍色，左上貼題簽寫有標題，内頁中縫處有「錢糧册」三字，封皮鈐有「河南等處承宣布政使司」官印，内頁以跨左右兩頁的形式鈐蓋官印。該清册爲河南布政使司製作，送交户部的穀物價格報告，匯總光緒二十五年十二月河南各州縣粟米、小麥、粟穀、高粱、黑豆五類穀物每倉石的價格，是研究清代物價的基礎資料。（桂濤）

河南布政使司呈送光緒貳拾伍年
拾貳月分各屬米粮價值細數清册

河南布政使司呈送光緒貳拾伍年拾貳月分各屬米糧價值細數清册

河南等處承宣布政使司為遵
旨議奏事光緒貳拾伍年拾貳月分各廳州縣米報
價值細數理合分晰彙造清册呈送
查核須至册者
計開
光緒貳拾伍年拾貳月分
開封府屬
祥符縣
粟米每倉石價銀叁兩玖錢貳分
小麥每倉石價銀叁兩捌錢伍分
粟穀每倉石價銀壹兩玖錢陸分

高粱每倉石價銀貳兩陸錢陸分

黑豆每倉石價銀貳兩叁錢捌分

陳留縣

粟米每倉石價銀叁兩玖錢貳分

小麥每倉石價銀叁兩捌錢伍分

粟穀每倉石價銀壹兩玖錢陸分

高粱每倉石價銀貳兩陸錢陸分

黑豆每倉石價銀貳兩叁錢捌分

杞縣

粟米每倉石價銀叁兩玖錢貳分

小麥每倉石價銀叁兩捌錢伍分

粟穀每倉石價銀壹兩玖錢陸分
高粱每倉石價銀貳兩陸錢陸分
黑豆每倉石價銀貳兩叁錢捌分

通許縣

粟米每倉石價銀叁兩玖錢貳分
小麥每倉石價銀叁兩捌錢伍分
粟穀每倉石價銀壹兩玖錢陸分
高粱每倉石價銀貳兩陸錢陸分
黑豆每倉石價銀貳兩叁錢捌分

尉氏縣

粟米每倉石價銀叁兩玖錢貳分

小麥每倉石價銀叁兩捌錢伍分

粟穀每倉石價銀壹兩玖錢陸分

高粱每倉石價銀貳兩陸錢陸分

黑豆每倉石價銀貳兩叁錢捌分

洧川縣

粟米每倉石價銀叁兩玖錢貳分

小麥每倉石價銀叁兩捌錢伍分

粟穀每倉石價銀壹兩玖錢陸分

高粱每倉石價銀貳兩陸錢陸分

黑豆每倉石價銀貳兩叁錢捌分

鄢陵縣

粟米每倉石價銀叁兩玖錢貳分
小麥每倉石價銀叁兩捌錢伍分
粟穀每倉石價銀壹兩玖錢陸分
高粱每倉石價銀貳兩陸錢陸分
黑豆每倉石價銀貳兩叁錢捌分

中牟縣

粟米每倉石價銀叁兩玖錢貳分
小麥每倉石價銀叁兩捌錢伍分
粟穀每倉石價銀壹兩玖錢陸分
高粱每倉石價銀貳兩陸錢陸分
黑豆每倉石價銀貳兩叁錢捌分

蘭儀縣

粟米每倉石價銀叁兩玖錢貳分

小麥每倉石價銀叁兩捌錢五分

粟穀每倉石價銀壹兩玖錢陸分

高粱每倉石價銀貳兩陸錢陸分

黑豆每倉石價銀貳兩叁錢捌分

鄭州

粟米每倉石價銀叁兩玖錢貳分

小麥每倉石價銀叁兩捌錢伍分

粟穀每倉石價銀壹兩玖錢陸分

高粱每倉石價銀貳兩陸錢陸分

黑豆每倉石價銀貳兩叁錢捌分

滎澤縣

粟米每倉石價銀叁兩玖錢貳分

小麥每倉石價銀叁兩捌錢伍分

粟穀每倉石價銀壹兩玖錢陸分

高粱每倉石價銀貳兩陸錢陸分

黑豆每倉石價銀貳兩叁錢捌分

滎陽縣

粟米每倉石價銀叁兩玖錢貳分

小麥每倉石價銀叁兩捌錢伍分

粟穀每倉石價銀壹兩玖錢陸分

高粱每倉石價銀貳兩陸錢陸分

黑豆每倉石價銀貳兩叁錢捌分

汜水縣

粟米每倉石價銀叁兩玖錢貳分

小麥每倉石價銀叁兩捌錢伍分

粟穀每倉石價銀壹兩玖錢陸分

高粱每倉石價銀貳兩陸錢陸分

黑豆每倉石價銀貳兩叁錢捌分

禹州

粟米每倉石價銀叁兩玖錢貳分

小麥每倉石價銀叁兩捌錢伍分

粟穀每倉石價銀壹兩玖錢陸分
高粱每倉石價銀貳兩陸錢陸分
黑豆每倉石價銀貳兩叁錢捌分

密縣

粟米每倉石價銀叁兩玖錢貳分
小麥每倉石價銀叁兩捌錢伍分
粟穀每倉石價銀壹兩玖錢陸分
高粱每倉石價銀貳兩陸錢陸分
黑豆每倉石價銀貳兩叁錢捌分

新鄭縣

粟米每倉石價銀叁兩玖錢貳分

小麥每倉石價銀叁兩捌錢五分

粟穀每倉石價銀壹兩玖錢陸分

高粱每倉石價銀貳兩陸錢陸分

黑豆每倉石價銀貳兩叁錢捌分

歸德府屬

光緒貳拾伍年拾貳月分

商邱縣

粟米每倉石價銀貳兩肆分

小麥每倉石價銀貳兩壹錢

粟穀每倉石價銀壹兩貳分

高粱每倉石價銀壹兩叁錢陸分

黑豆每倉石價銀壹兩伍錢柒分

甯陵縣

粟米每倉石價銀貳兩肆分

小麥每倉石價銀貳兩壹錢

粟穀每倉石價銀壹兩貳分
高粱每倉石價銀壹兩叁錢陸分
黑豆每倉石價銀壹兩伍錢柒分

永城縣

粟米每倉石價銀貳兩肆分
小麥每倉石價銀貳兩壹錢
粟穀每倉石價銀壹兩貳分
高粱每倉石價銀壹兩叁錢陸分
黑豆每倉石價銀壹兩伍錢柒分

鹿邑縣

粟米每倉石價銀貳兩肆分

小麥每倉石價銀貳兩壹錢
粟穀每倉石價銀壹兩貳分
高粱每倉石價銀壹兩叁錢陸分
黑豆每倉石價銀壹兩伍錢柒分

虞城縣

粟米每倉石價銀貳兩肆分
小麥每倉石價銀貳兩壹錢
粟穀每倉石價銀壹兩貳分
高粱每倉石價銀壹兩叁錢陸分
黑豆每倉石價銀壹兩伍錢柒分

夏邑縣

粟米每倉石價銀貳兩肆分
小麥每倉石價銀貳兩壹錢
粟穀每倉石價銀壹兩貳分
高粱每倉石價銀壹兩叁錢陸分
黑豆每倉石價銀壹兩伍錢柒分

睢州

粟米每倉石價銀貳兩肆分
小麥每倉石價銀貳兩壹錢
粟穀每倉石價銀壹兩貳分
高粱每倉石價銀壹兩叁錢陸分
黑豆每倉石價銀壹兩伍錢柒分

柘城縣

粟米每倉石價銀貳兩肆分

小麥每倉石價銀貳兩壹錢

粟穀每倉石價銀壹兩貳分

高粱每倉石價銀壹兩叁錢陸分

黑豆每倉石價銀壹兩伍錢柒分

考城縣

粟米每倉石價銀貳兩肆分

小麥每倉石價銀貳兩壹錢

粟穀每倉石價銀壹兩貳分

高粱每倉石價銀壹兩叁錢陸分

黑豆每倉石價銀壹兩伍錢柒分

彰德府屬

光緒貳拾伍年拾貳月分

安陽縣

粟米每倉石價銀叁兩肆錢陸分

小麥每倉石價銀叁兩壹錢玖分

粟穀每倉石價銀壹兩柒錢叁分

高粱每倉石價銀貳兩肆錢叁分

黑豆每倉石價銀貳兩肆錢玖分

湯陰縣

粟米每倉石價銀叁兩肆錢陸分

小麥每倉石價銀叁兩壹錢玖分

粟穀每倉石價銀壹兩柒錢叁分
高粱每倉石價銀貳兩肆錢叁分
黑豆每倉石價銀貳兩肆錢玖分

臨漳縣

粟米每倉石價銀叁兩肆錢陸分
小麥每倉石價銀叁兩壹錢玖分
粟穀每倉石價銀壹兩柒錢叁分
高粱每倉石價銀貳兩肆錢叁分
黑豆每倉石價銀貳兩肆錢玖分

林縣

粟米每倉石價銀叁兩肆錢陸分

小麥每倉石價銀叁兩壹錢玖分
粟穀每倉石價銀壹兩柒錢叁分
高粱每倉石價銀貳兩肆錢叁分
黑豆每倉石價銀貳兩肆錢玖分

武安縣
粟米每倉石價銀叁兩肆錢陸分
小麥每倉石價銀叁兩壹錢玖分
粟穀每倉石價銀壹兩柒錢叁分
高粱每倉石價銀貳兩肆錢叁分
黑豆每倉石價銀貳兩肆錢玖分

涉縣

粟米每倉石價銀叁兩肆錢陸分
小麥每倉石價銀叁兩壹錢玖分
粟穀每倉石價銀壹兩柒錢叁分
高粱每倉石價銀貳兩肆錢叁分
黑豆每倉石價銀貳兩肆錢玖分

内黄縣

粟米每倉石價銀叁兩肆錢陸分
小麥每倉石價銀叁兩壹錢玖分
粟穀每倉石價銀壹兩柒錢叁分
高粱每倉石價銀貳兩肆錢叁分
黑豆每倉石價銀貳兩肆錢玖分

衛輝府屬

光緒貳拾伍年拾貳月分

汲縣

粟米每倉石價銀叁兩陸分

小麥每倉石價銀貳兩柒錢貳分

粟穀每倉石價銀壹兩伍錢叁分

高粱每倉石價銀貳兩壹錢貳分

黑豆每倉石價銀貳兩貳錢壹分

新鄉縣

粟米每倉石價銀叁兩陸分

小麥每倉石價銀貳兩柒錢貳分

糧册

粟穀每倉石價銀壹兩伍錢叁分
高粱每倉石價銀貳兩壹錢貳分
黑豆每倉石價銀貳兩貳錢壹分

輝縣

粟米每倉石價銀叁兩陸分
小麥每倉石價銀貳兩柒錢貳分
粟穀每倉石價銀壹兩伍錢叁分
高粱每倉石價銀貳兩壹錢貳分
黑豆每倉石價銀貳兩貳錢壹分

獲嘉縣

粟米每倉石價銀叁兩陸分

小麥每倉石價銀貳兩柒錢貳分
粟穀每倉石價銀壹兩伍錢叁分
高粱每倉石價銀貳兩壹錢貳分
黑豆每倉石價銀貳兩貳錢壹分

淇縣

粟米每倉石價銀叁兩陸分
小麥每倉石價銀貳兩柒錢貳分
粟穀每倉石價銀壹兩伍錢叁分
高粱每倉石價銀貳兩壹錢貳分
黑豆每倉石價銀貳兩貳錢壹分

延津縣

粟米每倉石價銀叁兩陸分
小麥每倉石價銀貳兩柒錢貳分
粟穀每倉石價銀壹兩伍錢叁分
高粱每倉石價銀貳兩壹錢貳分
黑豆每倉石價銀貳兩貳錢壹分

滑縣

粟米每倉石價銀叁兩陸分
小麥每倉石價銀貳兩柒錢貳分
粟穀每倉石價銀壹兩伍錢叁分
高粱每倉石價銀貳兩壹錢貳分
黑豆每倉石價銀貳兩貳錢壹分

濬縣

粟米每倉石價銀叁兩陸分

小麥每倉石價銀貳兩柒錢貳分

粟穀每倉石價銀壹兩伍錢叁分

高粱每倉石價銀貳兩壹錢貳分

黑豆每倉石價銀貳兩貳錢壹分

封邱縣

粟米每倉石價銀叁兩陸分

小麥每倉石價銀貳兩柒錢貳分

粟穀每倉石價銀壹兩伍錢叁分

高粱每倉石價銀貳兩壹錢貳分

黑豆每倉石價銀貳兩貳錢壹分

懷慶府屬

光緒貳拾伍年拾貳月分

河内縣

粟米每倉石價銀叁兩玖錢陸分

小麥每倉石價銀叁兩陸錢伍分

粟穀每倉石價銀壹兩玖錢捌分

高粱每倉石價銀貳兩伍錢

黑豆每倉石價銀叁兩貳分

濟源縣

粟米每倉石價銀叁兩玖錢陸分

小麥每倉石價銀叁兩陸錢伍分

粟穀每倉石價銀壹兩玖錢捌分
高粱每倉石價銀貳兩伍錢
黑豆每倉石價銀叁兩貳分

修武縣

粟米每倉石價銀叁兩玖錢陸分
小麥每倉石價銀叁兩陸錢伍分
粟穀每倉石價銀壹兩玖錢捌分
高粱每倉石價銀貳兩伍錢
黑豆每倉石價銀叁兩貳分

武陟縣

粟米每倉石價銀叁兩玖錢陸分

小麥每倉石價銀叁兩陸錢伍分
粟米每倉石價銀壹兩玖錢捌分
高粱每倉石價銀貳兩伍錢
黑豆每倉石價銀叁兩貳分

孟縣

粟米每倉石價銀叁兩玖錢陸分
小麥每倉石價銀叁兩陸錢伍分
粟穀每倉石價銀壹兩玖錢捌分
高粱每倉石價銀貳兩伍錢
黑豆每倉石價銀叁兩貳分

温縣

粟米每倉石價銀叁兩玖錢陸分
小麥每倉石價銀叁兩陸錢伍分
粟穀每倉石價銀壹兩玖錢捌分
高粱每倉石價銀貳兩伍錢
黑豆每倉石價銀叁兩貳分

原武縣

粟米每倉石價銀叁兩玖錢陸分
小麥每倉石價銀叁兩陸錢伍分
粟穀每倉石價銀壹兩玖錢捌分
高粱每倉石價銀貳兩伍錢
黑豆每倉石價銀叁兩貳分

陽武縣

粟米每倉石價銀叁兩玖錢陸分

小麥每倉石價銀叁兩陸錢伍分

粟穀每倉石價銀壹兩玖錢捌分

高粱每倉石價銀貳兩伍錢

黑豆每倉石價銀叁兩貳分

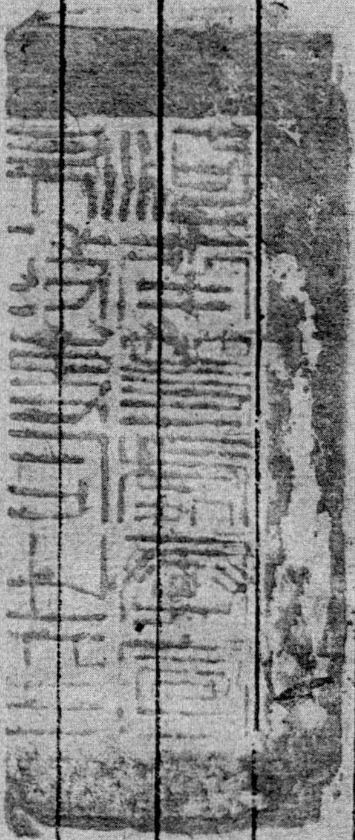

河南府屬

光緒貳拾伍年拾貳月分

洛陽縣

粟米每倉石價銀叁兩陸錢

小麥每倉石價銀叁兩肆錢

粟穀每倉石價銀壹兩捌錢

高粱無

黑豆每倉石價銀貳兩肆錢

偃師縣

粟米每倉石價銀叁兩陸錢

小麥每倉石價銀叁兩肆錢

粟穀每倉石價銀壹兩捌錢
高粱無
黑豆每倉石價銀貳兩肆錢

華縣

粟米每倉石價銀叁兩陸錢
小麥每倉石價銀叁兩肆錢
粟穀每倉石價銀壹兩捌錢
高粱每倉石價銀壹兩壹錢伍分
黑豆每倉石價銀貳兩肆錢

孟津縣

粟米每倉石價銀叁兩陸錢

小麥每倉石價銀叁兩肆錢
粟穀每倉石價銀壹兩捌錢
高粱每倉石價銀壹兩壹錢伍分
黑豆每倉石價銀貳兩肆錢

宜陽縣
粟米每倉石價銀叁兩陸錢
小麥每倉石價銀叁兩肆錢
粟穀每倉石價銀壹兩捌錢
高粱無
黑豆每倉石價銀貳兩肆錢

登封縣

粟米每倉石價銀叁兩陸錢
小麥每倉石價銀叁兩肆錢
粟穀每倉石價銀壹兩捌錢
高粱無
黑豆每倉石價銀貳兩肆錢

永寧縣
粟米每倉石價銀叁兩陸錢
小麥每倉石價銀叁兩肆錢
粟穀每倉石價銀壹兩捌錢
高粱無
黑豆每倉石價銀貳兩肆錢

新安縣
粟米每倉石價銀叁兩陸錢
小麥每倉石價銀叁兩肆錢
粟穀每倉石價銀壹兩捌錢
高粱無
黑豆每倉石價銀貳兩肆錢

澠池縣
粟米每倉石價銀叁兩陸錢
小麥每倉石價銀叁兩肆錢
粟穀每倉石價銀壹兩捌錢
高粱每倉石價銀壹兩壹錢伍分

黒豆每倉石價銀貳兩肆錢

嵩縣

粟米每倉石價銀叁兩陸錢

小麥每倉石價銀叁兩肆錢

粟穀每倉石價銀壹兩捌錢

高粱無

黒豆每倉石價銀貳兩肆錢

南陽府屬

光緒貳拾伍年拾貳月分

南陽縣

粟米每倉石價銀貳兩肆錢

小麥每倉石價銀壹兩玖錢

粟穀每倉石價銀壹兩貳錢

高粱每倉石價銀壹兩肆錢

黑豆每倉石價銀壹兩貳錢

南召縣

粟米每倉石價銀貳兩肆錢

小麥每倉石價銀壹兩玖錢

粟穀每倉石價銀壹兩貳錢
高粱每倉石價銀壹兩肆錢
黑豆每倉石價銀壹兩貳錢

唐縣

粟米每倉石價銀貳兩肆錢
小麥每倉石價銀壹兩玖錢
粟穀每倉石價銀壹兩貳錢
高粱每倉石價銀壹兩肆錢
黑豆每倉石價銀壹兩貳錢

泌陽縣

粟米每倉石價銀貳兩肆錢

小麥每倉石價銀壹兩玖錢
粟穀每倉石價銀壹兩貳錢
高粱每倉石價銀壹兩肆錢
黑豆每倉石價銀壹兩貳錢

鎮平縣

粟米每倉石價銀貳兩肆錢
小麥每倉石價銀壹兩玖錢
粟穀每倉石價銀壹兩貳錢
高粱每倉石價銀壹兩肆錢
黑豆每倉石價銀壹兩貳錢

桐柏縣

粟米每倉石價銀貳兩肆錢
小麥每倉石價銀壹兩玖錢
粟穀每倉石價銀壹兩貳錢
高粱每倉石價銀壹兩肆錢
黑豆每倉石價銀壹兩貳錢

鄧州

粟米每倉石價銀貳兩肆錢
小麥每倉石價銀壹兩玖錢
粟穀每倉石價銀壹兩貳錢
高粱每倉石價銀壹兩肆錢
黑豆每倉石價銀壹兩貳錢

内鄉縣

粟米每倉石價銀貳兩肆錢

小麥每倉石價銀壹兩玖錢

粟穀每倉石價銀壹兩貳錢

高粱每倉石價銀壹兩肆錢

黑豆每倉石價銀壹兩貳錢

新野縣

粟米每倉石價銀貳兩肆錢

小麥每倉石價銀壹兩玖錢

粟穀每倉石價銀壹兩貳錢

高粱每倉石價銀壹兩肆錢

黑豆每倉石價銀壹兩貳錢

淅川廳

粟米每倉石價銀貳兩肆錢

小麥每倉石價銀壹兩玖錢

粟穀每倉石價銀壹兩貳錢

高粱每倉石價銀壹兩肆錢

黑豆每倉石價銀壹兩貳錢

裕州

粟米每倉石價銀貳兩肆錢

小麥每倉石價銀壹兩玖錢

粟穀每倉石價銀壹兩貳錢

高粱每倉石價銀壹兩肆錢
黑豆每倉石價銀壹兩貳錢

舞陽縣
粟米每倉石價銀貳兩肆錢
小麥每倉石價銀壹兩玖錢
粟穀每倉石價銀壹兩貳錢
高粱每倉石價銀壹兩肆錢
黑豆每倉石價銀壹兩貳錢

葉縣
粟米每倉石價銀貳兩肆錢
小麥每倉石價銀壹兩玖錢

粟穀每倉石價銀壹兩貳錢

高粱每倉石價銀壹兩肆錢

黑豆每倉石價銀壹兩貳錢

汝甯府屬

光緒貳拾伍年拾貳月分

汝陽縣

粟米每倉石價銀貳兩陸分

小麥每倉石價銀貳兩肆錢玖分

粟穀每倉石價銀壹兩叁分

高粱每倉石價銀壹兩貳錢叁分

黑豆每倉石價銀壹兩貳錢柒分

上蔡縣

粟米每倉石價銀貳兩陸分

小麥每倉石價銀貳兩肆錢玖分

粟穀每倉石價銀壹兩叁分
高粱每倉石價銀壹兩貳錢叁分
黑豆每倉石價銀壹兩貳錢柒分

確山縣
粟米每倉石價銀貳兩陸分
小麥每倉石價銀貳兩肆錢玖分
粟穀每倉石價銀壹兩叁分
高粱每倉石價銀壹兩貳錢叁分
黑豆無

正陽縣
粟米每倉石價銀貳兩陸分

小麥每倉石價銀貳兩肆錢玖分
粟穀每倉石價銀壹兩叁分
高粱每倉石價銀壹兩貳錢叁分
黑豆每倉石價銀壹兩貳錢柒分

新蔡縣

粟米每倉石價銀貳兩陸分
小麥每倉石價銀貳兩肆錢玖分
粟穀每倉石價銀壹兩叁分
高粱每倉石價銀壹兩貳錢叁分
黑豆每倉石價銀壹兩貳錢柒分

西平縣

粟米每倉石價銀貳兩陸分
小麥每倉石價銀貳兩肆錢玖分
粟穀每倉石價銀壹兩叁分
高粱每倉石價銀壹兩貳錢叁分
黑豆每倉石價銀壹兩貳錢柒分

遂平縣

粟米每倉石價銀貳兩陸分
小麥每倉石價銀貳兩肆錢玖分
粟穀每倉石價銀壹兩叁分
高粱每倉石價銀壹兩貳錢叁分
黑豆每倉石價銀壹兩貳錢柒分

信陽州
粟米每倉石價銀貳兩陸分
小麥每倉石價銀貳兩肆錢玖分
粟穀每倉石價銀壹兩叁分
高粱每倉石價銀壹兩貳錢叁分
黑豆每倉石價銀壹兩貳錢柒分

羅山縣
粟米每倉石價銀貳兩陸分
小麥每倉石價銀貳兩肆錢玖分
粟穀每倉石價銀壹兩叁分
高粱每倉石價銀壹兩貳錢叁分

黑豆每倉石價銀壹兩貳錢柒分

陳州府屬

光緒貳拾伍年拾貳月分

淮甯縣

粟米每倉石價銀貳兩貳錢陸分

小麥每倉石價銀貳兩伍錢

粟穀每倉石價銀壹兩壹錢叁分

高粱每倉石價銀壹兩伍錢伍分

黑豆每倉石價銀壹兩柒錢

西華縣

粟米每倉石價銀貳兩貳錢陸分

小麥每倉石價銀貳兩伍錢

粟穀每倉石價銀壹兩壹錢叁分
高梁每倉石價銀壹兩伍錢伍分
黑豆每倉石價銀壹兩柒錢

商水縣

粟米每倉石價銀貳兩貳錢陸分
小麥每倉石價銀貳兩伍錢
粟穀每倉石價銀壹兩壹錢叁分
高梁每倉石價銀壹兩伍錢伍分
黑豆每倉石價銀壹兩柒錢

項城縣

粟米每倉石價銀貳兩貳錢陸分

小麥每倉石價銀貳兩伍錢
粟穀每倉石價銀壹兩壹錢叁分
高粱每倉石價銀壹兩伍錢伍分
黑豆每倉石價銀壹兩柒錢

沈邱縣

粟米每倉石價銀貳兩貳錢陸分
小麥每倉石價銀貳兩伍錢
粟穀每倉石價銀壹兩壹錢叁分
高粱每倉石價銀壹兩伍錢伍分
黑豆每倉石價銀壹兩柒錢

太康縣

粟米每倉石價銀貳兩貳錢陸分
小麥每倉石價銀貳兩伍錢
粟穀每倉石價銀壹兩壹錢叁分
高粱每倉石價銀壹兩伍錢伍分
黑豆每倉石價銀壹兩柒錢

扶溝縣

粟米每倉石價銀貳兩貳錢陸分
小麥每倉石價銀貳兩伍錢
粟穀每倉石價銀壹兩壹錢叁分
高粱每倉石價銀壹兩伍錢伍分
黑豆每倉石價銀壹兩柒錢

許州併屬

光緒貳拾伍年拾貳月分

許州

粟米每倉石價銀貳兩捌錢貳分

小麥每倉石價銀貳兩柒錢陸分

粟穀每倉石價銀壹兩肆錢壹分

高粱每倉石價銀壹兩柒錢叁分

黑豆每倉石價銀貳兩伍分

臨潁縣

粟米每倉石價銀貳兩捌錢貳分

小麥每倉石價銀貳兩柒錢陸分

粟穀每倉石價銀壹兩肆錢壹分
高粱每倉石價銀壹兩柒錢叁分
黑豆每倉石價銀貳兩伍分

襄城縣

粟米每倉石價銀貳兩捌錢貳分
小麥每倉石價銀貳兩柒錢陸分
粟穀每倉石價銀壹兩肆錢壹分
高粱每倉石價銀壹兩柒錢叁分
黑豆每倉石價銀貳兩伍分

郾城縣

粟米每倉石價銀貳兩捌錢貳分

小麥每倉石價銀貳兩柒錢陸分
粟穀每倉石價銀壹兩肆錢壹分
高粱每倉石價銀壹兩柒錢叁分
黑豆每倉石價銀貳兩伍分

長葛縣

粟米每倉石價銀貳兩捌錢貳分
小麥每倉石價銀貳兩柒錢陸分
粟穀每倉石價銀壹兩肆錢壹分
高粱每倉石價銀壹兩柒錢叁分
黑豆每倉石價銀貳兩伍分

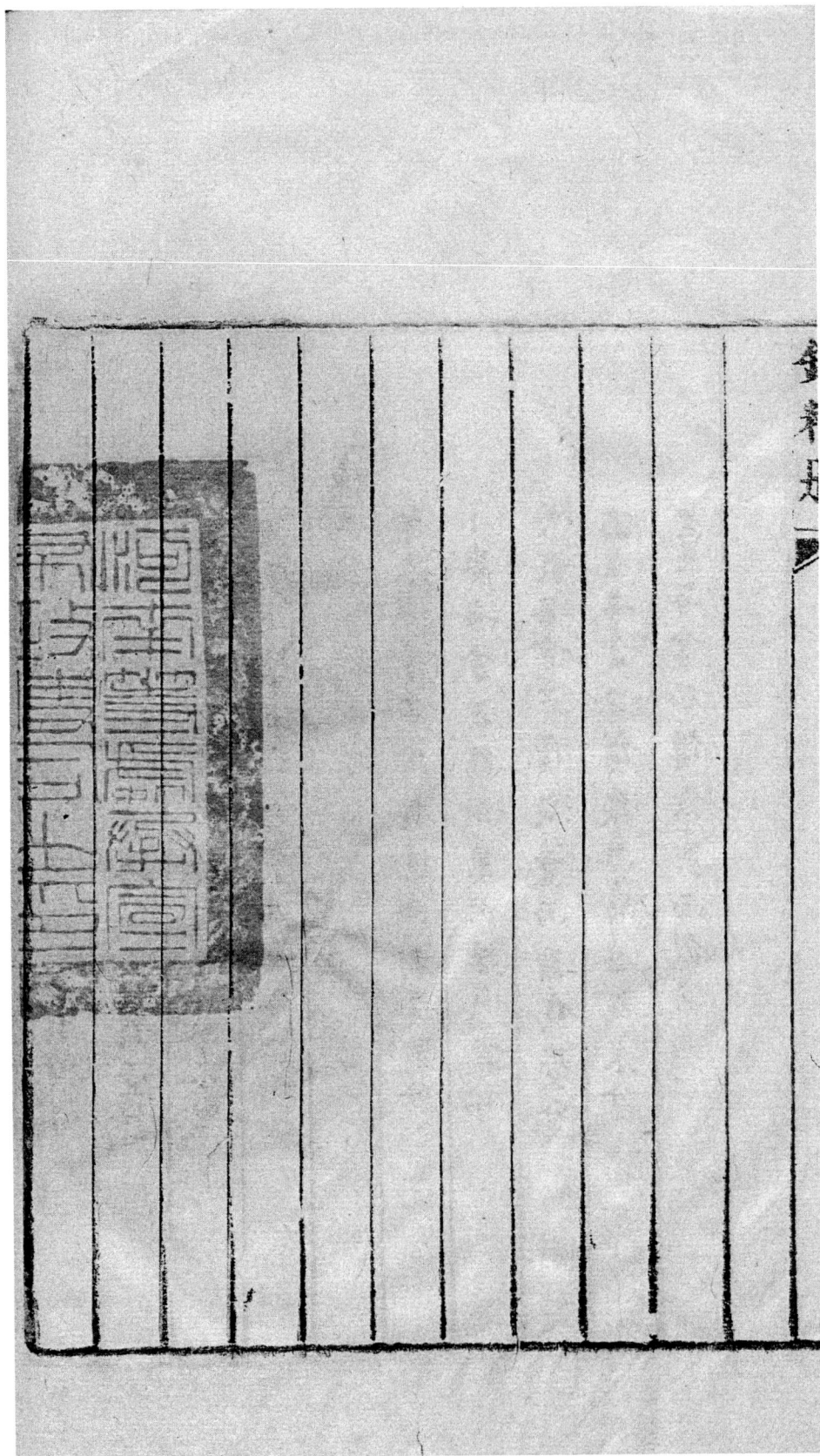

汝州併屬

光緒貳拾伍年拾貳月分

汝州

粟米每倉石價銀貳兩叁錢

小麥每倉石價銀貳兩伍錢

粟穀每倉石價銀壹兩壹錢伍分

高粱每倉石價銀壹兩壹錢叁分

黑豆每倉石價銀壹兩肆錢柒分

魯山縣

粟米每倉石價銀貳兩叁錢

小麥每倉石價銀貳兩伍錢

粟穀每倉石價銀壹兩壹錢伍分
高粱每倉石價銀壹兩壹錢叁分
黑豆每倉石價銀壹兩肆錢柒分

郟縣
粟米每倉石價銀貳兩叁錢
小麥每倉石價銀貳兩伍錢
粟穀每倉石價銀壹兩壹錢伍分
高粱每倉石價銀壹兩壹錢叁分
黑豆每倉石價銀壹兩肆錢柒分

寶豐縣
粟米每倉石價銀貳兩叁錢

小麥每倉石價銀貳兩伍錢
粟穀每倉石價銀壹兩壹錢伍分
高粱每倉石價銀壹兩壹錢叁分
黑豆每倉石價銀壹兩肆錢柒分

伊陽縣

粟米每倉石價銀貳兩叁錢
小麥每倉石價銀貳兩伍錢
粟穀每倉石價銀壹兩壹錢伍分
高粱無
黑豆每倉石價銀壹兩肆錢柒分

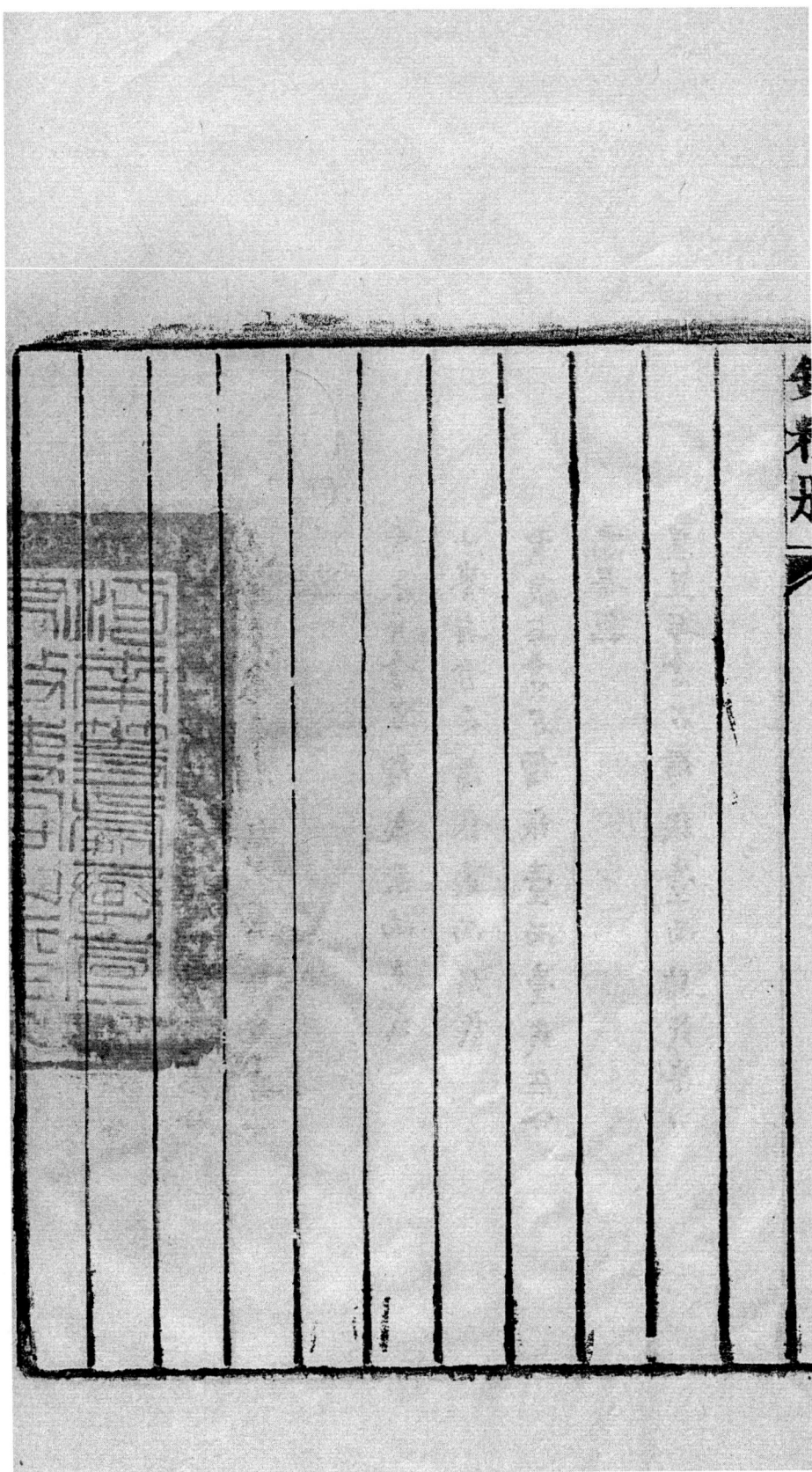

陝州併屬

光緒貳拾伍年拾貳月分

陝州

粟米每倉石價銀貳兩貳錢

小麥每倉石價銀貳兩叁錢

粟穀每倉石價銀壹兩壹錢

高粱每倉石價銀壹兩肆錢伍分

黑豆每倉石價銀壹兩伍分

靈寶縣

粟米每倉石價銀貳兩貳錢

小麥每倉石價銀貳兩叁錢

粟穀每倉石價銀壹兩壹錢
高粱每倉石價銀壹兩肆錢伍分
黑豆每倉石價銀壹兩伍分

閿鄉縣
粟米每倉石價銀貳兩貳錢
小麥每倉石價銀貳兩叁錢
粟穀每倉石價銀壹兩壹錢
高粱無
黑豆每倉石價銀壹兩伍分

盧氏縣
粟米每倉石價銀貳兩貳錢

小麥每倉石價銀貳兩叁錢
粟穀每倉石價銀壹兩壹錢
高粱無
黑豆每倉石價銀壹兩伍分

光州併屬

光緒貳拾伍年拾貳月分

光州

稻米每倉石價銀壹兩捌錢

小麥每倉石價銀壹兩叁錢伍分

稻穀每倉石價銀玖錢

高粱每倉石價銀壹兩叁錢

黑豆每倉石價銀壹兩肆錢叁分

光山縣

稻米每倉石價銀壹兩捌錢

小麥每倉石價銀壹兩叁錢伍分

稻穀每倉石價銀玖錢

高粱每倉石價銀壹兩叁錢

黑豆每倉石價銀壹兩肆錢叁分

固始縣

稻米每倉石價銀壹兩捌錢

小麥每倉石價銀壹兩叁錢伍分

稻穀每倉石價銀玖錢

高粱每倉石價銀壹兩叁錢

黑豆每倉石價銀壹兩肆錢叁分

息縣

稻米每倉石價銀壹兩捌錢

小麥每倉石價銀壹兩叁錢伍分
稻穀每倉石價銀玖錢
高粱每倉石價銀壹兩叁錢
黑豆每倉石價銀壹兩肆錢叁分

商城縣

稻米每倉石價銀壹兩捌錢
小麥每倉石價銀壹兩叁錢伍分
稻穀每倉石價銀玖錢
高粱每倉石價銀壹兩叁錢
黑豆每倉石價銀壹兩肆錢叁分

右　　　具

冊

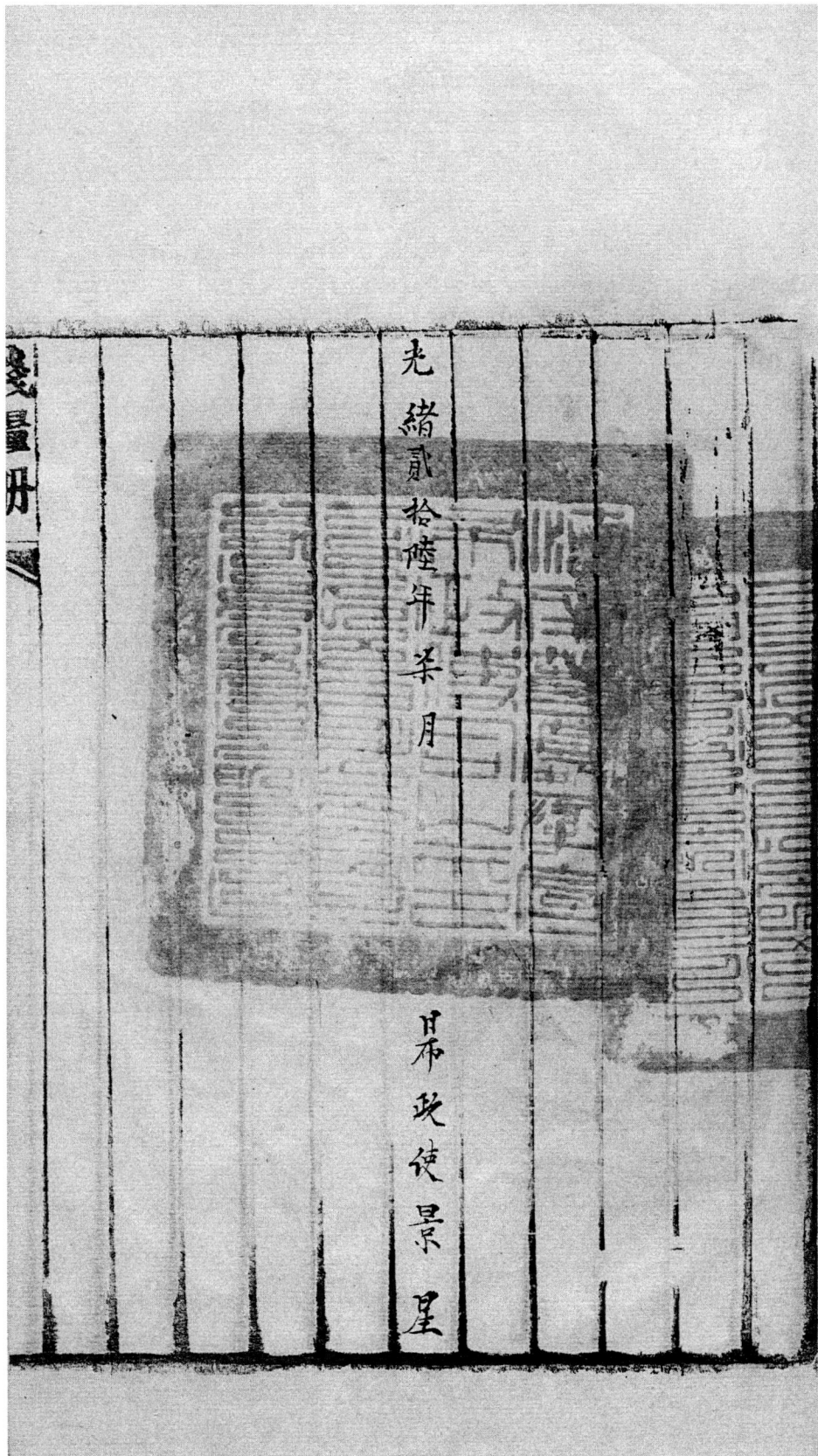

光緒貳拾陸年柒月　日布政使景星

糧册

山西歸綏道兼歸化關監督造送油酒課銀册

山西歸綏道兼歸化關監督造送油酒課銀册

《山西歸綏道兼歸化關監督造送油酒課銀册》不分卷，一帙一册，官撰。本册爲宣統二年十二月山西分巡歸綏兵備道兼管歸化關監督咸麟開造呈送的歸化城同知所屬本年分油酒鋪户姓名、字型大小及應納課銀數目情况，内鈐「管理歸化城等處税務之關防」多枚。清册内分舊管、新收、開除、實在四項開造，共計中則缸房九座、油房兩座，每座應納課銀二兩五錢。（張雨）

山西歸綏道兼歸化關監督造送

油酒課銀冊

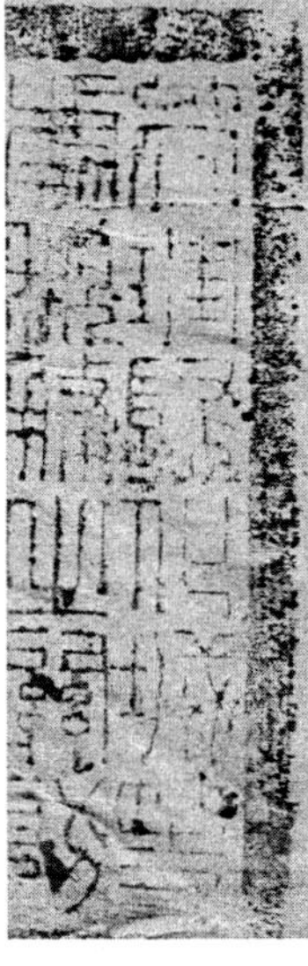

山西分巡歸綏兵備道兼管歸化關監督咸麟為敬陳末議等事。今將

歸化城同知造送所屬宣統貳年分油酒鋪户姓名字號應納課銀數

目分別管收除在照依原冊開造呈送

查核須至冊者

計開

舊管

中則油房貳座

郭良成係祁縣人開設意生德油房壹座

黄如金係太原縣人開設長泰湧油房壹座

中則缸房玖座

韓玉昌係祁縣人開設意生錦缸房壹座

趙忠興係祁縣人開設三和新缸房壹座

李芳園係陽曲縣人開設天順永缸房壹座

邢　綬係祈州人開設萬盛興缸房壹座

黃如金係太原縣人開設長泰湧缸房壹座

郭良成係祁縣人開設意生德缸房壹座

孔廣成係代州人開設福盛源缸房壹座

段　立係祁縣人開設復生泉缸房壹座

周萬章係忻州人開設萬和成缸房壹座

新收無

開除無

實在中則缸油房拾壹座每座應納課銀貳兩[illegible]錢[illegible]共納課銀貳拾

柒兩伍錢

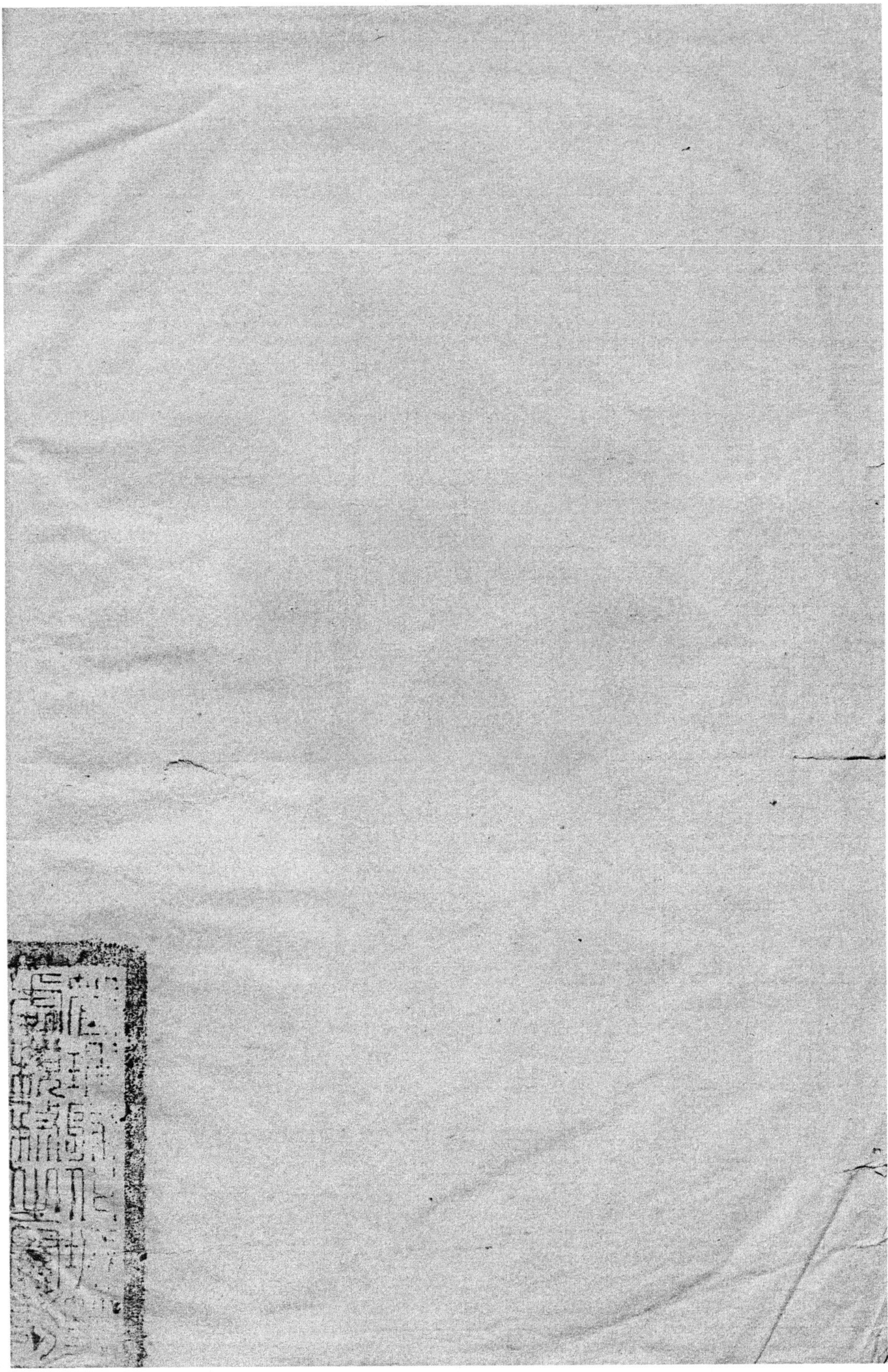

宣統貳年拾貳月　日

山西歸綏道兼歸化關監督造送壹年徵收牲畜税錢數目册

山西歸綏道兼歸化關監督造送壹年徵收牲畜税錢數目册

《山西歸綏道兼歸化關監督造送壹年徵收牲畜税錢數目册》不分卷，一帙一册，官撰。本册由咸麟開造呈送，内鈐「管理歸化城等處税務之關防」多枚。册内逐日記録了歸化城綏遠城、西包頭等處税口自宣統二年正月初一起至十二月二十九日止所徵收的土默特牲畜税錢數目，以及每月統計的當月收支、實存錢數和易存銀數等情況。（張雨）

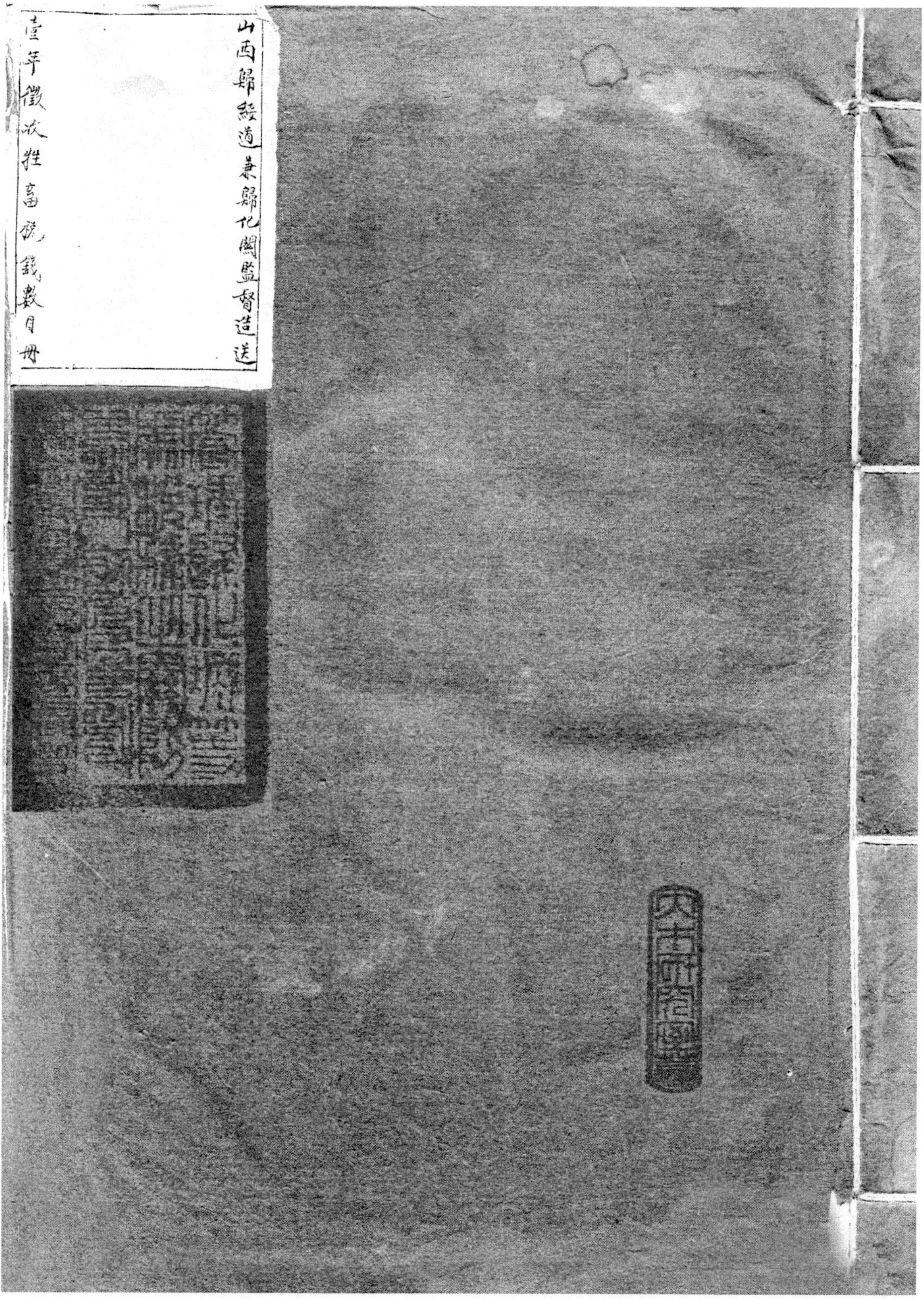
山西歸綏道兼歸化關監督造送
壹年徵收牲畜稅錢數目册

山西分巡歸綏兵備道兼管歸化關監督誠麟

呈

今將職道原接鮑前署道移交暨本任徵收歸化城綏遠城西包頭薩拉

齊托克托城和林格爾崑都崙八十家子各税口自宣統二年正月初一日起

至十二月底止計一年共徵收土默特牲畜税錢數目理合造報須至册者

計開

歸化城綏遠城收牲畜税錢貳拾壹千貳百伍拾文

西包頭等處收牲畜税錢叁千伍百文

共收錢貳拾陸千柒百伍拾文

宣統貳年十二月初壹日

初貳日

歸化城綏遠城收牲畜税錢叁拾壹千伍百文

西包頭等處收牲畜税錢肆千捌百叁拾文

共收錢叁拾肆千叁百叁拾文

初叁日

歸化城綏遠城收牲畜税錢拾捌千拾文

西包頭等處收牲畜税錢伍千玖百肆拾文

共收錢貳拾叁千玖百伍拾文

初肆日

歸化城綏遠城收牲畜税錢拾玖千壹百伍拾文

西包頭等處收牲畜税錢叁千壹百伍拾文

共收錢貳拾叁千叁百文

初伍日

歸化城綏遠城收牲畜稅錢肆拾千伍百文

西包頭等處收牲畜稅錢貳千捌拾文

共收錢肆拾貳千伍百捌拾文

初陸日

歸化城綏遠城收牲畜稅錢貳拾壹千叁百文

西包頭等處收牲畜稅錢壹千捌百捌拾文

共收錢貳拾叁千陸百捌拾文

初柒日

歸化城綏遠城收牲畜稅錢叁拾柒千伍百文

西包頭等處收牲畜稅錢陸千捌拾肆文

共收錢叁拾陸千伍百捌拾肆文

初捌日　歸化城綏遠城收牲畜稅錢拾肆千伍百文

西包頭等處收牲畜稅錢肆千叁百柒拾文

共收錢拾捌千捌百柒拾文

初玖日　歸化城綏遠城收牲畜稅錢拾捌千肆百叁拾文

西包頭等處收牲畜稅錢玖千伍百拾文

共收錢貳拾柒千玖百叁拾文

初拾日　歸化城綏遠城收牲畜稅錢貳拾貳千捌

西包頭等處收牲畜稅錢壹千肆百捌拾文

共收錢貳拾肆千貳百捌拾文

拾壹日

歸化城綏遠城收牲畜稅錢貳拾伍千文

西包頭等處收牲畜稅錢伍千伍百拾文

共收錢叁拾千伍百拾文

拾貳日

歸化城綏遠城收牲畜稅錢叁拾肆千文

西包頭等處收牲畜稅錢伍千伍百肆拾文

共收錢叁拾柒千伍百肆拾文

拾叁日

歸化城綏遠城收牲畜稅錢拾捌千伍百文

西包頭等處收牲畜稅錢肆千貳百捌拾文

共收錢貳拾貳千柒百捌拾文

拾肆月

歸化城綏遠城收牲畜稅錢貳拾千捌百文

西包頭等處收牲畜稅錢貳千捌百文

共收錢貳拾叁千陸百文

拾伍月

歸化城綏遠城收牲畜稅錢貳拾壹千肆百文

西包頭等處收牲畜稅錢叁千肆百文

共收錢貳拾肆千捌百文

拾陸日
歸化城綏遠城收牲畜稅錢拾柒千叁百伍拾文
西包頭等處收牲畜稅錢肆千貳百文
共收錢貳拾壹千伍百伍拾文

拾柒日
歸化城綏遠城收牲畜稅錢叁拾叁千伍百捌拾文
西包頭等處收牲畜稅錢貳千玖百文
共收錢叁拾陸千肆百捌拾文

拾捌日
歸化城綏遠城收牲畜稅錢貳拾千伍百陸文
西包頭等處收牲畜稅錢伍千叁百文

共收錢貳拾伍千捌百陸文

拾玖日　歸化城綏遠城收牲畜稅錢貳拾捌千伍百文

西包頭等處收牲畜稅錢肆千貳百文

共收錢叁拾貳千柒百文

貳拾日　歸化城綏遠城收牲畜稅錢貳拾伍千文

西包頭等處收牲畜稅錢陸千捌百肆拾文

共收錢叁拾壹千捌百肆拾文

貳拾壹日　歸化城綏遠城收牲畜稅錢拾柒千陸百文

西包頭等處收牲畜稅錢玖千叁百拾文
共收錢貳拾陸千玖百拾文
貳拾貳日
歸化城綏遠城收牲畜稅錢叁拾壹千肆百文
西包頭等處收牲畜稅錢貳千伍百伍拾文
共收錢叁拾叁千玖百伍拾文
貳拾叁日
歸化城綏遠城收牲畜稅錢貳拾伍千肆百文
西包頭等處收牲畜稅錢叁千伍拾伍文
共收錢貳拾捌千肆百伍拾伍文
貳拾肆日

歸化城綏遠城收牲畜稅錢貳拾叁千伍百文
西包頭等處收牲畜稅錢貳千貳百捌拾文
共收錢貳拾伍千柒百捌拾文

貳拾伍日

歸化城綏遠城收牲畜稅錢拾柒千捌百文
西包頭等處收牲畜稅錢肆千玖百叁拾文
共收錢貳拾貳千柒百叁拾文

貳拾陸日

歸化城綏遠城收牲畜稅錢叁拾壹千肆百文
西包頭等處收牲畜稅錢叁千壹百捌拾文
共收錢叁拾肆千伍百捌拾文

貳拾柒月
歸化城綏遠城收牲畜稅錢拾捌千伍百文
西包頭等處收牲畜稅錢貳千玖百玖拾文
共收錢貳拾壹千肆百玖拾文

貳拾捌月
歸化城綏遠城收牲畜稅錢貳拾壹千叁百文
西包頭等處收牲畜稅錢伍千捌百伍拾文
共收錢貳拾柒千壹百伍拾文

貳拾玖月
歸化城綏遠城收牲畜稅錢拾貳千壹百拾文
西包頭等處收牲畜稅錢玖千捌百捌拾文

共收錢貳拾壹千玖百玖拾文

以上壹箇月共收錢捌百壹拾壹千叁百玖拾伍文

支銷各項經費錢捌千陸百文除支銷外

實存錢捌百貳千柒百玖拾伍文照歸化廳消報錢價每錢貳千貳百叁拾陸文易銀壹兩

共易存銀叁百伍拾玖兩叁分壹釐柒毫

貳月初壹日

歸化城綏遠城收牲畜稅錢貳拾伍千捌百文

西包頭等處收牲畜稅錢肆千伍百捌拾文

共收錢叁拾千叁百捌拾文

初貳日

歸化城綏遠城收牲畜稅錢叁拾肆千壹百文

西包頭等處收牲畜稅錢叁千壹百肆拾文

共收錢叁拾柒千貳百肆拾文

初叁日

歸化城綏遠城收牲畜稅錢貳拾千玖百捌拾文

西包頭等處收牲畜稅錢肆千貳百伍拾文

共收錢貳拾伍千貳百叁拾文

初肆日

歸化城綏遠城收牲畜稅錢貳拾壹千玖百肆拾文

西包頭等處收牲畜稅錢貳千捌百玖拾文

共收錢貳拾肆千捌百叁拾文

初伍日

歸化城綏遠城收牲畜稅錢叁拾肆千伍百文

西包頭等處收牲畜稅錢叁千壹百伍拾文

共收錢叁拾柒千陸百伍拾文

初陸日

歸化城綏遠城收牲畜稅錢拾玖千捌百文

西包頭等處收牲畜稅錢壹千玖百捌拾文

共收錢貳拾壹千柒百捌拾文

初柒日

歸化城綏遠城收牲畜稅錢貳拾千玖百文

西包頭等處收牲畜稅錢伍千陸百文

共收錢貳拾陸千伍百文

初捌日
歸化城綏遠城收牲畜稅錢叁拾肆千文
西包頭等處收牲畜稅錢叁千壹百捌拾文
共收錢叁拾柒千壹百捌拾文
初玖日
歸化城綏遠城收牲畜稅錢貳拾伍千捌百文
西包頭等處收牲畜稅錢貳千壹百玖拾文
共收錢貳拾柒千玖百玖拾文
初拾日
歸化城綏遠城收牲畜稅錢叁拾肆千文
西包頭等處收牲畜稅錢叁千伍百捌拾文

共收錢叁拾柒千伍百捌拾文

拾壹日　歸化城綏遠城收牲畜稅錢拾捌千伍百文

西包頭等處收牲畜稅錢貳千貳百柒拾文

共收錢貳拾千柒百柒拾文

拾貳日　歸化城綏遠城收牲畜稅錢貳拾陸千伍百文

西包頭等處收牲畜稅錢肆千叁百拾文

共收錢叁拾千捌百拾文

拾叁日　歸化城綏遠城收牲畜稅錢叁拾壹千叁百文

西包頭等處收牲畜税錢貳千玖百叁拾文

共收錢叁拾肆千肆百叁拾文

拾肆月

歸化城綏遠城收牲畜税錢貳拾肆千玖百文

西包頭等處收牲畜税錢叁千伍百玖拾文

共收錢貳拾捌千肆百玖拾文

拾伍月

歸化城綏遠城收牲畜税錢貳拾伍千陸百文

西包頭等處收牲畜税錢陸千伍百玖拾文

共收錢叁拾貳千壹百玖拾文

拾陸月

歸化城綏遠城收牲畜稅錢貳拾千捌百壹文
西包頭等處收牲畜稅錢肆千叁百貳拾文
共收錢貳拾伍千壹百貳拾壹文

拾柒日
歸化城綏遠城收牲畜稅錢貳拾伍千捌百文
西包頭等處收牲畜稅錢叁千伍百陸拾文
共收錢貳拾玖千叁百陸拾文

拾捌日
歸化城綏遠城收牲畜稅錢貳拾肆千玖百伍拾文
西包頭等處收牲畜稅錢貳千捌百文
共收錢貳拾柒千柒百伍拾文

拾玖日

歸化城綏遠城收牲畜税錢拾伍千伍百文

西包頭等處收牲畜税錢叁千柒百伍拾文

共收錢拾伍千叁百叁拾文

貳拾日

歸化城綏遠城收牲畜税錢貳拾肆千伍百文

西包頭等處收牲畜税錢柒千伍百肆拾文

共收錢叁拾貳千肆拾文

貳拾壹日

歸化城綏遠城收牲畜税錢叁拾壹千玖百文

西包頭等處收牲畜税錢叁千壹百玖文

共收錢叁拾叁千玖文

貳拾貳日

歸化城綏遠城收牲畜稅錢叁拾伍千捌百文

西包頭等處收牲畜稅錢肆千肆百伍拾文

共收錢肆拾千貳百伍拾文

貳拾叁日

歸化城綏遠城收牲畜稅錢貳拾肆千捌百壹文

西包頭等處收牲畜稅錢伍千捌百文

共收錢叁拾千陸百壹文

貳拾肆日

歸化城綏遠城收牲畜稅錢叁拾肆千伍百文

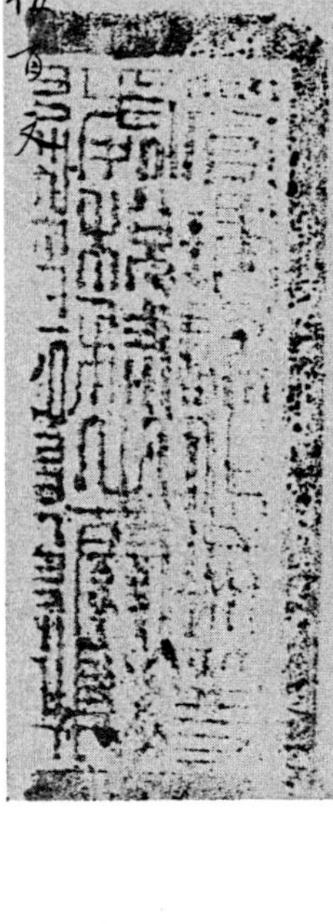

西包頭等處收牲畜稅錢肆千叁百貳拾文
共收錢叁拾捌千捌百貳文

貳拾伍日
歸化城綏遠城收牲畜稅錢貳拾伍千肆百文
西包頭等處收牲畜稅錢捌千玖百肆拾文
共收錢叁拾肆千叁百肆拾文

貳拾陸日
歸化城綏遠城收牲畜稅錢叁拾千捌百文
西包頭等處收牲畜稅錢肆千玖百伍拾文
共收錢叁拾伍千柒百伍拾文

貳拾柒日

歸化城綏遠城收牲畜稅錢貳拾玖千捌百文
西包頭等處收牲畜稅錢伍千伍百肆拾文
共收錢叁拾伍千叁百肆拾文
貳拾捌日
歸化城綏遠城收牲畜稅錢拾肆千玖百伍拾文
西包頭等處收牲畜稅錢玖千壹百肆拾文
共收錢貳拾肆千玖拾文
貳拾玖日
歸化城綏遠城收牲畜稅錢拾捌千伍百文
西包頭等處收牲畜稅錢拾伍千捌百文
共收錢叁拾肆千叁百文

叁拾日

歸化城綏遠城收牲畜稅錢拾肆千陸百叁拾文

西包頭等處收牲畜稅錢捌千柒百拾文

共收錢貳拾叁千叁百肆拾文

以上壹箇月共收錢玖百拾捌千肆百玖拾壹文

支銷各項經費錢捌千捌百文除支銷外

實存錢玖百玖千陸百玖拾壹文照歸化廳具報錢價每錢貳千貳百叁拾肆文易銀壹兩

共易存銀肆百柒兩貳錢叁釐

叁月初一日

歸化城綏遠城收牲畜稅錢貳拾伍千肆百文

西包頭等處收牲畜稅錢叁千壹百叁拾文

共收錢貳拾捌千伍百伍拾文

初貳日

歸化城綏遠城收牲畜稅錢叁拾伍千壹百文

西包頭等處收牲畜稅錢捌千伍拾陸文

共收錢肆拾貳千壹百伍拾陸文

初叁日

歸化城綏遠城收牲畜稅錢拾捌千伍百貳拾文

西包頭等處收牲畜稅錢肆千叁百貳拾文

共收錢貳拾壹千捌百肆拾文

初肆日

歸化城綏遠城收牲畜稅錢貳拾捌千捌百文

西包頭等處收牲畜税錢叁千叁百柒拾文

共收錢叁拾肆千壹百拾文

初伍日

歸化城綏遠城收牲畜税錢拾玖千壹百伍拾文

西包頭等處收牲畜税錢伍千捌百捌拾文

共收錢貳拾陸千叁拾文

初陸日

歸化城綏遠城收牲畜税錢拾肆千柒百文

西包頭等處收牲畜税錢叁千伍拾文

共收錢拾柒千柒百伍拾文

初柒日

歸化城綏遠城收牲畜稅錢拾玖千捌百文
西包頭等處收牲畜稅錢貳千叁百捌拾文
共收錢貳拾貳千壹百捌拾文
初捌日
歸化城綏遠城收牲畜稅錢叁拾伍千伍百文
西包頭等處收牲畜稅錢伍千肆百陸拾文
共收錢肆拾千伍百陸拾文
初玖日
歸化城綏遠城收牲畜稅錢貳拾貳千捌百捌拾文
西包頭等處收牲畜稅錢捌千壹百伍拾文
共收錢叁拾千叁拾文

初拾日
歸化城綏遠城收牲畜税錢貳拾壹千貳百伍拾文
西包頭等處收牲畜税錢陸千貳百捌拾文
共收錢貳拾柒千伍百叁拾文

拾壹日
歸化城綏遠城收牲畜税錢貳拾柒千捌百文
西包頭等處收牲畜税錢肆千伍百叁拾文
共收錢叁拾貳千叁百叁拾文

拾貳日
歸化城綏遠城收牲畜税錢叁拾千伍百文
西包頭等處收牲畜税錢叁千伍拾文

共收錢叁拾貳千伍百伍拾文

拾叁日　歸化城綏遠城收牲畜稅錢貳拾肆千伍百捌拾文

西包頭等處收牲畜稅錢肆千肆百伍拾文

共收錢貳拾玖千叁拾文

拾肆日　歸化城綏遠城收牲畜稅錢叁拾叁千伍百文

西包頭等處收牲畜稅錢陸千捌百伍拾文

共收錢肆拾千叁百伍拾文

拾伍日　歸化城綏遠城收牲畜稅錢拾肆千柒百叁拾文

西包頭等處收牲畜稅錢伍千伍百肆拾文

共收錢貳拾千壹百柒拾文

拾陸日

歸化城綏遠城收牲畜稅錢拾捌千伍百貳拾文

西包頭等處收牲畜稅錢叁千叁拾肆文

共收錢貳拾壹千伍百伍拾肆文

拾柒日

歸化城綏遠城收牲畜稅錢貳拾千捌百文

西包頭等處收牲畜稅錢貳千壹百叁拾文

共收錢貳拾貳千玖百伍拾文

拾捌日

歸化城綏遠城收牲畜稅錢拾伍千叁百文
西包頭等處收牲畜稅錢壹千玖百玖拾文
共收錢拾柒千叁百玖拾文

拾玖日
歸化城綏遠城收牲畜稅錢叁拾肆千伍百文
西包頭等處收牲畜稅錢叁千壹百肆拾文
共收錢叁拾柒千陸百肆拾文

貳拾日
歸化城綏遠城收牲畜稅錢肆拾壹千伍百文
西包頭等處收牲畜稅錢貳千伍百捌拾文
共收錢肆拾肆千捌拾文

貳拾壹日

歸化城綏遠城收牲畜税錢貳拾玖千玖百捌拾文

西包頭等處收牲畜税錢叁千壹百玖拾文

共收錢叁拾叁千壹百柒拾文

貳拾貳日

歸化城綏遠城收牲畜税錢貳捌千伍百捌文

西包頭等處收牲畜税錢肆千玖拾文

共收錢貳拾肆千伍百玖拾捌文

貳拾叁日

歸化城綏遠城收牲畜税錢叁拾壹千伍百肆拾文

西包頭等處收牲畜税錢伍千伍拾陸文

共收錢叁拾陸千伍百玖拾陸文

貳拾肆日

歸化城綏遠城收牲畜稅錢拾捌千伍百貳拾文

西包頭等處收牲畜稅錢叁千壹百肆拾文

共收錢貳拾壹千陸百陸拾文

貳拾伍日

歸化城綏遠城收牲畜稅錢貳拾叁千伍百捌拾文

西包頭等處收牲畜稅錢叁千柒百文

共收錢貳拾柒千貳百捌拾文

貳拾陸日

歸化城綏遠城收牲畜稅錢拾伍千伍百叁拾文

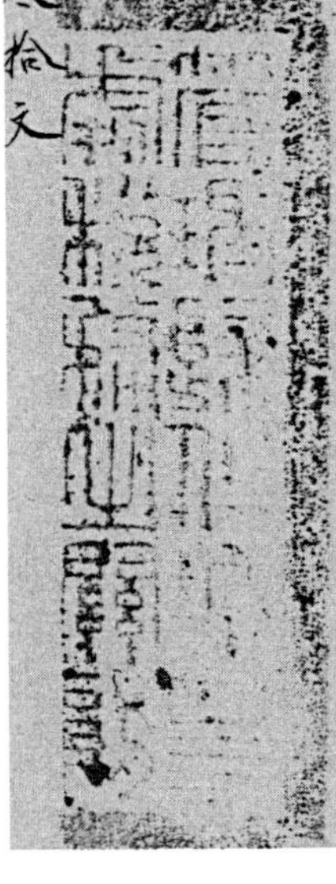

西包頭等處收牲畜稅錢伍千伍百拾文

共收錢貳拾壹千肆拾文

貳拾柒日

歸化城綏遠城收牲畜稅錢拾玖千捌百捌拾文

西包頭等處收牲畜稅錢捌千捌百伍拾文

共收錢貳拾捌千柒百叁拾文

貳拾捌日

歸化城綏遠城收牲畜稅錢貳拾壹千貳百文

西包頭等處收牲畜稅錢肆千叁百陸拾文

共收錢貳拾伍千伍百陸拾文

貳拾玖日

歸化　城綏遠城收牲畜稅錢拾伍千陸百文

西包　頭等處收牲畜稅錢肆千玖百肆拾文

共收錢貳拾千伍百肆拾文

以上壹箇月共收錢捌百叁拾貳千叁百伍拾肆文

支銷各項經費錢捌千陸百文除支銷外

實存錢捌百貳拾叁千柒百伍拾肆文照歸化廳市報錢價每錢貳千貳百貳拾文易銀壹兩

共易存銀叁百柒拾壹兩陸分肆毫

肆月初壹日

歸化　城綏遠城收牲畜稅錢貳拾壹千肆百文

西包　頭等處收牲畜稅錢伍千肆百伍拾文

共收錢貳拾陸千捌百伍拾文

初貳日
歸化城綏遠城收牲畜稅錢貳拾伍千捌百文
西包頭等處收牲畜稅錢叁千伍拾文
共收錢貳拾捌千捌百伍拾文

初叁日
歸化城綏遠城收牲畜稅錢拾伍千伍百捌拾文
西包頭等處收牲畜稅錢貳千玖拾文
共收錢拾柒千陸百柒拾文

初肆日
歸化城綏遠城收牲畜稅錢拾肆千壹百伍拾文
西包頭等處收牲畜稅錢叁千壹百捌拾文

共收錢拾柒千叁百叁拾文

初伍日

歸化城綏遠城收牲畜稅錢貳拾千伍百肆拾文

西包頭等處收牲畜稅錢貳千伍拾捌文

共收錢貳拾貳千陸百玖拾捌文

初陸日

歸化城綏遠城收牲畜稅錢拾千伍百肆文

西包頭等處收牲畜稅錢叁千伍百玖拾文

共收錢拾肆千玖拾肆文

初柒日

歸化城綏遠城收牲畜稅錢拾壹千叁百捌拾文

西包頭等處收牲畜税錢貳千肆百捌拾文

共收錢拾叁千捌百陸拾文

初捌日

歸化城綏遠城收牲畜税錢拾陸千伍百肆拾文

西包頭等處收牲畜税錢貳千壹百伍拾肆文

共收錢拾捌千陸百玖拾肆文

初玖日

歸化城綏遠城收牲畜税錢拾捌千伍拾文

西包頭等處收牲畜税錢叁千肆百捌拾文

共收錢貳拾壹千伍百叁拾文

初拾日

歸化城綏遠城收牲畜稅錢叁拾千伍百肆拾文
西包頭等處收牲畜稅錢貳千伍百陸拾文
共收錢叁拾叁千文

拾壹日
歸化城綏遠城收牲畜稅錢貳拾肆千伍百伍拾文
西包頭等處收牲畜稅錢叁千捌百玖拾文
共收錢貳拾捌千肆百肆拾文

拾貳日
歸化城綏遠城收牲畜稅錢拾玖千陸百捌拾文
西包頭等處收牲畜稅錢叁千肆百肆拾文
共收錢貳拾叁千伍百貳拾文

拾叁日

歸化城綏遠城收牲畜税錢拾伍千玖百文

西包頭等處收牲畜税錢肆千壹百柒拾文

共收錢貳拾千柒拾文

拾肆日

歸化城綏遠城收牲畜税錢拾叁千肆百肆拾文

西包頭等處收牲畜税錢貳千伍拾伍文

共收錢拾伍千肆百玖拾伍文

拾伍日

歸化城綏遠城收牲畜税錢拾千玖百玖拾文

西包頭等處收牲畜税錢叁千肆百柒拾文

拾陸日

共收錢拾肆千肆百陸拾文

歸化城綏遠城收牲畜稅錢拾肆千捌百文

西包頭等處收牲畜稅錢貳千陸百玖拾文

共收錢拾陸千玖百玖拾文

拾柒日

歸化城綏遠城收牲畜稅錢拾玖千伍百捌拾文

西包頭等處收牲畜稅錢叁千捌拾文

共收錢拾伍千捌百捌拾文

拾捌日

歸化城綏遠城收牲畜稅錢貳拾肆千伍百文

西包頭等處收牲畜税錢貳千玖拾文

共收錢貳拾陸千伍百玖拾文

拾玖日

歸化城綏遠城收牲畜税錢拾玖千伍百捌拾文

西包頭等處收牲畜税錢貳千捌拾文

共收錢貳拾壹千陸百陸拾文

貳拾日

歸化城綏遠城收牲畜税錢拾肆千肆百陸拾文

西包頭等處收牲畜税錢叁千伍拾肆文

共收錢拾柒千伍百拾肆文

貳拾壹日

歸化城綏遠城收牲畜稅錢拾柒千叁百文
西包頭等處收牲畜稅錢貳千叁百玖拾文
共收錢貳拾千貳百玖拾文

貳拾貳日
歸化城綏遠城收牲畜稅錢拾肆千柒百文
西包頭等處收牲畜稅錢叁千玖拾文
共收錢拾柒千柒百玖拾文

貳拾叁日
歸化城綏遠城收牲畜稅錢貳拾肆千捌拾文
西包頭等處收牲畜稅錢貳千壹百肆拾文
共收錢貳拾陸千玖百肆拾文

貳拾肆日

歸化城綏遠城收牲畜稅錢拾叁千叁百文

西包頭等處收牲畜稅錢捌千肆百文

共收錢貳拾壹千柒百文

貳拾伍日

歸化城綏遠城收牲畜稅錢叁拾伍千伍百文

西包頭等處收牲畜稅錢陸千伍百肆拾文

共收錢肆拾貳千肆百文

貳拾陸日

歸化城綏遠城收牲畜稅錢叁拾肆千柒百文

西包頭等處收牲畜稅錢柒千壹百捌拾文

共收錢肆拾壹千捌百捌拾文

貳拾柒日

歸化城綏遠城收牲畜稅錢貳拾捌千肆百文

西包頭等處收牲畜稅錢肆千伍百捌拾文

共收錢叁拾貳千玖百捌拾文

貳拾捌日

歸化城綏遠城收牲畜稅錢貳拾肆千玖百文

西包頭等處收牲畜稅錢玖千叁百叁文

共收錢叁拾肆千貳百叁文

貳拾玖日

歸化城綏遠城收牲畜稅錢貳拾壹千捌百肆文

西　包　頭等處收牲畜稅錢叁千肆百陸拾文
共收錢貳拾伍千貳百陸拾肆文
以上壹箇月共收錢陸百捌拾叁千捌拾貳文
支銷各項經費錢捌千陸百文除支銷外
實存錢陸百柒拾肆千肆百捌拾貳文照歸化廳月報錢價每錢貳千貳百伍拾肆文易銀壹兩
共易存銀貳百玖拾玖兩貳錢叁分柒釐捌毫

伍月初壹
歸　化　城綏遠城收牲畜稅錢捌千玖百肆拾文
西　包　頭等處收牲畜稅錢叁千陸百貳拾壹文
共收錢拾貳千伍百陸拾貳文

初　貳　日

歸化城綏遠城收牲畜稅錢陸千伍百肆拾文
西包頭等處收牲畜稅錢貳千伍百玖拾文
共收錢玖千壹百叁拾文

初叁日
歸化城綏遠城收牲畜稅錢伍千捌百玖拾文
西包頭等處收牲畜稅錢叁千壹百捌拾文
共收錢玖千柒拾文

初肆日
歸化城綏遠城收牲畜稅錢柒千柒百捌拾文
西包頭等處收牲畜稅錢壹千伍百伍拾文
共收錢玖千貳百叁拾文

初伍日

歸化城綏遠城收牲畜稅錢肆千叁百柒拾文

西包頭等處收牲畜稅錢壹千肆百叁拾文

共收錢伍千捌百文

初陸日

歸化城綏遠城收牲畜稅錢伍千陸百肆拾文

西包頭等處收牲畜稅錢壹千叁百叁拾文

共收錢陸千玖百陸拾文

初柒日

歸化城綏遠城收牲畜稅錢玖千伍百捌拾文

西包頭等處收牲畜稅錢壹千玖百肆拾文

共收錢拾壹千伍百貳拾文

初捌日　歸化城綏遠城收牲畜稅錢柒千肆百叁拾文

西包頭等處收牲畜稅錢貳千壹百捌拾文

共收錢玖千陸百拾文

初玖日　歸化城綏遠城收牲畜稅錢肆千玖拾伍文

西包頭等處收牲畜稅錢貳千伍拾捌文

共收錢陸千壹百伍拾叁文

初拾日　歸化城綏遠城收牲畜稅錢伍千柒百捌拾文

西包頭等處收牲畜稅錢壹千叁百貳拾文
共收錢柒千壹百文
拾壹日
歸化城綏遠城收牲畜稅錢陸千捌百肆拾文
西包頭等處收牲畜稅錢壹千伍百捌拾文
共收錢捌千肆百貳拾文
拾貳日
歸化城綏遠城收牲畜稅錢柒千伍拾文
西包頭等處收牲畜稅錢壹千壹百叁拾肆文
共收錢捌千貳百捌拾肆文
拾叁日

歸化城綏遠城收牲畜税錢叁千玖百玖拾文
西包頭等處收牲畜税錢壹千貳拾伍文
共收錢伍千伍拾文
拾肆日
歸化城綏遠城收牲畜税錢肆千捌百玖拾文
西包頭等處收牲畜税錢壹千拾肆文
共收錢伍千玖百肆文
拾伍日
歸化城綏遠城收牲畜税錢叁千玖百肆拾文
西包頭等處收牲畜税錢壹千肆百陸拾文
共收錢柒千肆百文

拾陸日
歸化城綏遠城收牲畜稅錢柒千捌百叁拾文
西包頭等處收牲畜稅錢壹千叁百肆拾文
共收錢玖千壹百柒拾文
拾柒日
歸化城綏遠城收牲畜稅錢叁千柒拾文
西包頭等處收牲畜稅錢壹千貳百柒文
共收錢肆千貳百柒拾柒文
拾捌日
歸化城綏遠城收牲畜稅錢拾伍千肆拾文
西包頭等處收牲畜稅錢壹千玖拾叁文

共收錢拾壹千陸百叁拾叁文

拾玖日

歸化城綏遠城收牲畜稅錢捌千捌百伍拾文

西包頭等處收牲畜稅錢壹千叁百肆拾文

共收錢拾千壹百叁拾文

貳拾日

歸化城綏遠城收牲畜稅錢玖千叁百貳拾文

西包頭等處收牲畜稅錢壹千捌拾捌文

共收錢拾千肆百捌文

貳拾壹日

歸化城綏遠城收牲畜稅錢拾千叁拾文

西包頭等處收牲畜稅錢壹千伍拾肆文

共收錢玖千壹百肆拾肆文

貳拾貳日

歸化城綏遠城收牲畜稅錢捌千玖百貳拾壹文

西包頭等處收牲畜稅錢壹千壹百伍文

共收錢拾千貳拾陸文

貳拾叁日

歸化城綏遠城收牲畜稅錢拾千肆百捌拾文

西包頭等處收牲畜稅錢壹千貳拾壹文

共收錢拾壹千伍百壹文

貳拾肆日

歸化城綏遠城收牲畜稅錢拾壹千叁百肆拾文
西包頭等處收牲畜稅錢壹千柒百肆拾文
共收錢拾貳千捌百捌拾文

貳拾伍日
歸化城綏遠城收牲畜稅錢拾肆千伍百貳拾文
西包頭等處收牲畜稅錢壹千叁百貳拾文
共收錢拾伍千捌百肆拾文

貳拾陸日
歸化城綏遠城收牲畜稅錢拾千捌百伍文
西包頭等處收牲畜稅錢壹千玖拾文
共收錢拾壹千捌百玖拾伍文

貳拾柒日

歸化城綏遠城收牲畜稅錢玖千柒拾捌文

西包頭等處收牲畜稅錢壹千捌拾伍文

共收錢拾千壹百陸拾叁文

貳拾捌日

歸化城綏遠城收牲畜稅錢捌千肆百貳文

西包頭等處收牲畜稅錢壹千肆百叁拾文

共收錢玖千捌百叁拾貳文

貳拾玖日

歸化城綏遠城收牲畜稅錢拾叁千玖拾文

西包頭等處收牲畜稅錢壹千叁拾肆文

共收錢捌肆千壹百貳拾肆文

叁拾日

歸化城綏遠城收牲畜稅錢捌千貳百拾文

西包頭等處收牲畜稅錢壹千伍拾文

共收錢叁千貳百陸拾文

以上壹箇月共收錢貳百捌拾貳千伍百壹文

支銷各項經費錢捌千捌百文除支銷外

實存錢貳百柒拾叁千柒百壹文照歸化廳月報錢價每錢貳千叁百肆文易銀壹兩

共易存銀壹百壹拾捌兩柒錢叁分叁厘捌毫

陸月初壹日

歸化城綏遠城收牲畜稅錢拾肆千柒百陸拾捌文

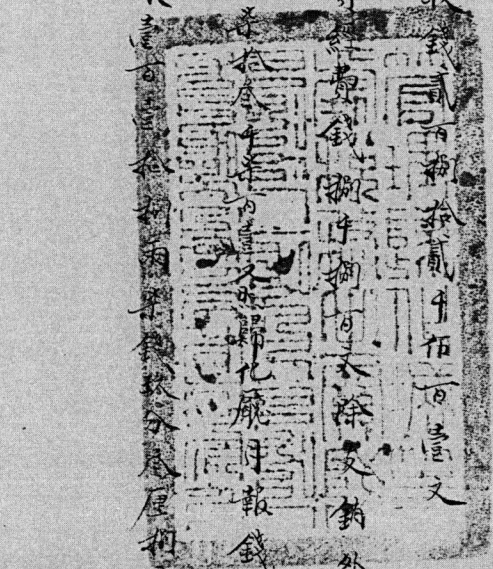

西包頭等處收牲畜稅錢壹千玖百捌拾文

共收錢拾陸千柒百肆拾捌文

初貳日

歸化城綏遠城收牲畜稅錢拾伍千肆百陸拾文

西包頭等處收牲畜稅錢壹千玖百玖拾文

共收錢拾柒千肆百伍拾文

初叁日

歸化城綏遠城收牲畜稅錢伍千捌百捌拾文

西包頭等處收牲畜稅錢壹千肆百捌拾文

共收錢柒千叁百陸拾文

初肆日

歸化城綏遠城收牲畜稅錢柒千叁百貳拾文
西包頭等處收牲畜稅錢壹千陸百柒拾文
共收錢捌千玖百玖拾文

初伍日

歸化城綏遠城收牲畜稅錢陸千柒百叁拾文
西包頭等處收牲畜稅錢貳千伍百肆拾文
共收錢玖千貳百柒拾文

初陸日

歸化城綏遠城收牲畜稅錢捌千伍百肆拾文
西包頭等處收牲畜稅錢貳千捌拾文
共收錢拾千陸百貳拾文

初柒日
歸化城綏遠城收牲畜稅錢拾千肆百伍文
西包頭等處收牲畜稅錢叁千伍拾文
共收錢拾貳千肆百伍拾伍文

初捌日
歸化城綏遠城收牲畜稅錢捌千伍百玖拾文
西包頭等處收牲畜稅錢壹千柒百捌拾文
共收錢拾千叁百柒拾文

初玖日
歸化城綏遠城收牲畜稅錢柒千陸百肆拾文
西包頭等處收牲畜稅錢壹千肆百貳拾文

共收錢玖千陸拾文

初拾日　歸化城綏遠城收牲畜稅錢玖千壹百捌拾文

西包頭等處收牲畜稅錢貳千伍百捌拾文

共收錢拾壹千柒百陸拾文

拾壹日　歸化城綏遠城收牲畜稅錢捌千柒百陸拾文

西包頭等處收牲畜稅錢壹千捌百肆拾文

共收錢拾千陸百文

拾貳日　歸化城綏遠城收牲畜稅錢拾壹千叁百貳拾文

西包頭等處收牲畜稅錢壹千伍百陸拾文
共收錢拾貳千捌百捌拾文

拾叁日
歸化城綏遠城收牲畜稅錢柒千伍百伍拾文
西包頭等處收牲畜稅錢貳千肆拾文
共收錢玖千伍百玖拾文

拾肆日
歸化城綏遠城收牲畜稅錢陸千伍百拾文
西包頭等處收牲畜稅錢叁千捌拾文
共收錢玖千伍百玖拾文

拾伍日

歸化城綏遠城收牲畜稅錢玖千貳百柒拾文
西包頭等處收牲畜稅錢壹千伍拾伍文
共收錢拾千叁百貳拾伍文
拾陸日
歸化城綏遠城收牲畜稅錢捌千玖拾叁拾文
西包頭等處收牲畜稅錢壹千玖拾文
共收錢拾千貳拾文
拾柒日
歸化城綏遠城收牲畜稅錢玖千玖百捌拾文
西包頭等處收牲畜稅錢壹千柒拾文
共收錢拾壹千伍拾文

拾捌日

歸化城綏遠城收牲畜税錢拾千伍百肆拾文

西包頭等處收牲畜税錢貳千壹百捌拾文

共收錢拾貳千柒百貳拾文

拾玖日

歸化城綏遠城收牲畜税錢拾肆千捌百柒拾文

西包頭等處收牲畜税錢壹千壹百叁拾文

共收錢拾陸千文

貳拾日

歸化城綏遠城收牲畜税錢捌千叁百肆拾文

西包頭等處收牲畜税錢壹千貳百捌拾文

共收錢玖千陸百貳拾文

貳拾壹日

歸化城綏遠城收牲畜稅錢伍千陸百貳拾文

西包頭等處收牲畜稅錢壹千叁百肆拾文

共收錢陸千玖百陸拾文

貳拾貳日

歸化城綏遠城收牲畜稅錢捌千肆百玖拾文

西包頭等處收牲畜稅錢貳千伍百捌拾文

共收錢拾千柒拾文

貳拾叁日

歸化城綏遠城收牲畜稅錢柒千玖百玖拾文

西包頭等處收牲畜稅錢壹千肆百叁拾文

共收錢玖千肆百貳拾文

貳拾肆日

歸化城綏遠城收牲畜稅銀陸千捌百伍拾文

西包頭等處收牲畜稅錢壹千捌拾文

共收錢柒千玖百叁拾文

貳拾伍日

歸化城綏遠城收牲畜稅錢柒千捌百柒拾文

西包頭等處收牲畜稅錢壹千陸百捌拾文

共收錢玖千伍百伍拾文

貳拾陸日

歸化城綏遠城收牲畜税錢玖千伍百肆拾文

西包頭等處收牲畜税錢壹千肆百捌文

共收錢拾千玖百肆拾捌文

貳拾柒日

歸化城綏遠城收牲畜税錢拾肆千伍百捌拾文

西包頭等處收牲畜税錢壹千貳百肆拾文

共收錢拾伍千捌百貳拾文

貳拾捌日

歸化城綏遠城收牲畜税錢伍千壹百肆拾文

西包頭等處收牲畜税錢壹千肆百拾文

共收錢陸千肆百陸拾文

貳拾玖日

歸化城綏遠城收牲畜稅錢柒千肆百捌拾文

西包頭等處收牲畜稅錢貳千叁百肆拾文

共收錢玖千捌百貳拾文

以上壹箇月共收錢叁百拾肆千肆百伍拾陸文

支銷各項經費錢捌千陸百文除支銷外

實存錢叁百伍千捌百伍拾陸文照歸化廳月報錢價每錢貳千貳百伍拾肆文易銀壹兩

共易存銀壹百叁拾伍兩陸錢玖分肆厘捌毫

柒月初壹日

歸化城綏遠城收牲畜稅錢柒千肆百伍拾文

西包頭等處收牲畜稅錢壹千捌拾伍文

共收錢捌千伍百叁拾伍文

初貳日

歸化城綏遠城收牲畜稅錢陸千捌百捌拾文

西包頭等處收牲畜稅錢壹千伍拾文

共收錢柒千玖百叁拾文

初叁日

歸化城綏遠城收牲畜稅錢柒千陸百叁拾文

西包頭等處收牲畜稅錢壹千壹百伍拾文

共收錢捌千柒百捌拾文

初肆日

歸化城綏遠城收牲畜稅錢肆千叁百肆拾文

西包頭等處收牲畜稅錢壹千玖拾文

共收錢伍千肆百叁拾文

初伍日

歸化城綏遠城收牲畜稅錢捌千伍百陸拾文

西包頭等處收牲畜稅錢壹千伍拾伍文

共收錢玖千陸百拾伍文

初陸日

歸化城綏遠城收牲畜稅錢伍千陸百捌拾文

西包頭等處收牲畜稅錢貳千貳百捌拾文

共收錢柒千玖百陸拾文

初柒日

歸化城綏遠城收牲畜稅錢叁千壹百捌拾文
西包頭等處收牲畜稅錢壹千捌拾文
共收錢肆千貳百陸拾文

初捌日
歸化城綏遠城收牲畜稅錢柒千伍拾文
西包頭等處收牲畜稅錢壹千柒拾捌文
共收錢捌千壹百貳拾捌文

初玖日
歸化城綏遠城收牲畜稅錢陸千伍百肆拾文
西包頭等處收牲畜稅錢貳千叁百貳拾文
共收錢捌千捌百柒拾文

初拾日

歸化城綏遠城收牲畜稅錢拾肆千叁百拾文

西包頭等處收牲畜稅錢壹千肆百叁拾文

共收錢拾伍千柒百肆拾文

拾壹日

歸化城綏遠城收牲畜稅錢叁千貳百捌拾文

西包頭等處收牲畜稅錢壹千肆拾文

共收錢肆千叁百貳拾文

拾貳日

歸化城綏遠城收牲畜稅錢肆千貳百玖拾文

西包頭等處收牲畜稅錢壹千伍拾貳文

共收錢伍千叁百肆拾貳文

拾叁日

歸化城綏遠城收牲畜稅錢拾陸千壹百叁拾文

西包頭等處收牲畜稅錢壹千玖拾壹文

共收錢拾柒千貳百貳拾壹文

拾肆日

歸化城綏遠城收牲畜稅錢肆千伍百叁拾文

西包頭等處收牲畜稅錢叁千捌百肆拾文

共收錢捌千叁百柒拾文

拾伍日

歸化城綏遠城收牲畜稅錢叁千捌拾文

西包頭等處收牲畜税錢壹千壹百伍拾文
共收錢肆千貳百叁拾文

拾陸日

歸化城綏遠城收牲畜税錢肆千貳百拾文
西包頭等處收牲畜税錢壹千貳拾捌文
共收錢伍千貳百肆拾捌文

拾柒日

歸化城綏遠城收牲畜税錢柒千肆百伍拾文
西包頭等處收牲畜税錢壹千叁拾壹文
共收錢捌千肆百捌拾壹文

拾捌日

歸化城綏遠城收牲畜稅錢拾伍千伍百文
西包頭等處收牲畜稅錢貳千陸拾文
共收錢拾柒千伍百陸拾文

拾玖日

歸化城綏遠城收牲畜稅錢肆千伍百肆拾文
西包頭等處收牲畜稅錢壹千叁拾文
共收錢伍千伍百柒拾文

貳拾日

歸化城綏遠城收牲畜稅錢陸千壹百捌拾文
西包頭等處收牲畜稅錢壹千貳拾文
共收錢柒千貳百文

貳拾壹日

歸化城綏遠城收牲畜稅錢陸千叁百叁拾文

西包頭等處收牲畜稅錢壹千肆百貳拾文

共收錢柒千柒百肆拾文

貳拾貳日

歸化城綏遠城收牲畜稅錢叁千壹百叁拾文

西包頭等處收牲畜稅錢壹千肆百捌拾文

共收錢肆千陸百拾文

貳拾叁日

歸化城綏遠城收牲畜稅錢肆千叁百貳拾文

西包頭等處收牲畜稅錢壹千叁百玖拾文

共收錢伍千柒百拾文

貳拾肆日　歸化城綏遠城收牲畜稅錢伍千捌百文

西包頭等處收牲畜稅錢貳千伍百捌拾文

共收錢捌千叁百捌拾文

貳拾伍日　歸化城綏遠城收牲畜稅錢拾千捌百文

西包頭等處收牲畜稅錢貳千貳百捌拾文

共收錢拾叁千捌拾文

貳拾陸日　歸化城綏遠城收牲畜稅錢拾肆千貳百伍拾文

西包頭等處收牲畜稅錢壹千伍百肆拾文
共收錢拾伍千捌百玖拾文

貳拾柒日
歸化城綏遠城收牲畜稅錢拾伍千叁百文
西包頭等處收牲畜稅錢貳千捌百捌拾文
共收錢拾玖千壹百捌拾文

貳拾捌日
歸化城綏遠城收牲畜稅錢伍千伍拾伍文
西包頭等處收牲畜稅錢肆千肆百文
共收錢玖千肆百伍拾伍文

貳拾玖日

歸化城綏遠城收牲畜稅錢伍千文
西包頭等處收牲畜稅錢伍千文
共收錢拾千文
叁拾日
歸化城綏遠城收牲畜稅錢拾陸千肆百叁拾捌文
西包頭等處收牲畜稅錢壹千貳百捌拾伍文
共收錢拾柒千柒百貳拾叁文
以上壹箇月共收錢貳百捌拾千伍百伍拾捌文
支銷各項經費錢捌千捌百文除支銷外
實存錢貳百柒拾壹千柒百伍拾捌文照歸化廳月報錢價每錢貳千貳百捌拾陸文易銀壹兩
共易存銀壹百壹拾捌兩捌錢柒分玖厘叁毫

捌月初壹日

歸化城綏遠城收牲畜税錢貳拾壹千捌百伍拾文

西包頭等處收牲畜税錢貳千捌拾文

共收錢肆拾壹千玖百叁拾文

初貳日

歸化城綏遠城收牲畜税錢拾伍千叁百文

西包頭等處收牲畜税錢叁千壹百捌拾文

共收錢拾捌千肆百捌拾文

初叁日

歸化城綏遠城收牲畜税錢拾玖千叁百文

西包頭等處收牲畜税錢貳千伍拾文

共收錢貳拾壹千叁百伍拾文

初肆日

歸化城綏遠城收牲畜税錢拾肆千伍百文

西包頭等處收牲畜税錢貳千壹百肆拾文

共收錢拾陸千陸百肆拾文

初伍日

歸化城綏遠城收牲畜税錢拾貳千肆百文

西包頭等處收牲畜税錢叁千壹百伍拾文

共收錢拾伍千伍百伍拾文

初陸日

歸化城綏遠城收牲畜税錢貳拾千捌百文

西包頭等處收牲畜稅錢肆千叁百捌拾文
共收錢貳拾伍千壹百捌拾文

初柒日 歸化城綏遠城收牲畜稅錢貳拾伍千肆百文
西包頭等處收牲畜稅錢貳千肆百肆拾文
共收錢貳拾柒千捌百肆拾文

初捌日 歸化城綏遠城收牲畜稅錢貳拾叁千壹百文
西包頭等處收牲畜稅錢叁千伍拾文
共收錢貳拾陸千壹百伍拾文

初玖日

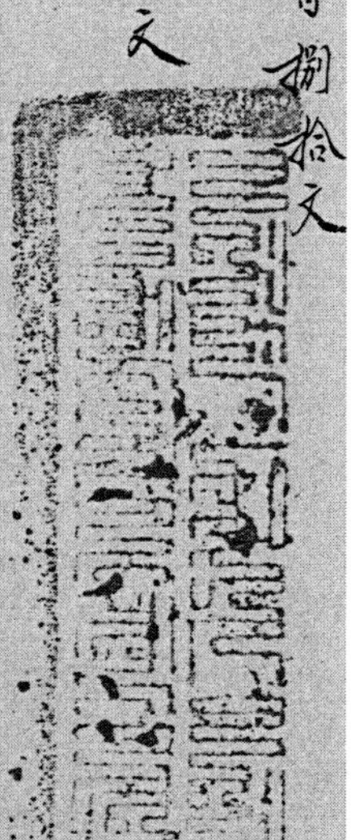

歸化城綏遠城收牲畜稅錢拾玖千捌百文
西包頭等處收牲畜稅錢叁千捌拾文
共收錢貳拾貳千捌百捌拾文
初拾日
歸化城綏遠城收牲畜稅錢拾伍千叁百文
西包頭等處收牲畜稅錢貳千壹百叁拾文
共收錢拾柒千肆百叁拾文
拾壹日
歸化城綏遠城收牲畜稅錢拾貳千壹百捌拾文
西包頭等處收牲畜稅錢叁千壹百肆拾文
共收錢拾伍千叁百貳拾文

拾貳日

歸化城綏遠城收牲畜稅錢拾陸千伍百捌拾文

西包頭等處收牲畜稅錢肆千叁百貳拾文

共收錢貳拾千玖百文

拾叁日

歸化城綏遠城收牲畜稅錢拾肆千叁百貳拾文

西包頭等處收牲畜稅錢貳千伍拾伍文

共收錢拾陸千叁百柒拾伍文

拾肆日

歸化城綏遠城收牲畜稅錢拾千捌百文

西包頭等處收牲畜稅錢貳千壹百捌拾文

共收錢拾貳千玖百捌拾文

拾伍日　歸化城綏遠城收牲畜稅錢拾伍千肆百文

西包頭等處收牲畜稅錢叁千伍百叁拾文

共收錢拾捌千玖百叁拾文

拾陸日　歸化城綏遠城收牲畜稅錢拾陸千叁百文

西包頭等處收牲畜稅錢叁千壹百拾文

共收錢拾玖千肆百拾文

拾柒日　歸化城綏遠城收牲畜稅錢拾伍千貳百文

西包頭等處收牲畜稅錢叁千捌拾文

共收銀拾捌千貳百捌拾文

拾捌日

歸化城綏遠城收牲畜稅錢貳拾壹千捌百文

西包頭等處收牲畜稅錢肆千叁百捌拾文

共收錢貳拾陸千壹百捌拾文

拾玖日

歸化城綏遠城收牲畜稅錢貳拾貳千肆文

西包頭等處收牲畜稅錢叁千肆百叁拾文

共收錢貳拾伍千捌百叁拾文

貳拾日

歸化城綏遠城收牲畜税錢貳拾千捌百文
西包頭等處收牲畜税錢伍千伍拾伍文
共收錢貳拾伍千捌百陸拾伍文

貳拾壹日

歸化城綏遠城收牲畜税錢貳拾柒千肆百文
西包頭等處收牲畜税錢叁千伍百拾文
共收錢叁拾叁千玖百拾文

貳拾貳日

歸化城綏遠城收牲畜税錢貳拾千柒百貳拾文
西包頭等處收牲畜税錢柒千捌拾文
共收錢貳拾柒千捌百文

貳拾叁日

歸化城綏遠城收牲畜稅錢貳拾壹千叁百文

西包頭等處收牲畜稅錢叁千肆百叁拾文

共收錢貳拾肆千柒百叁拾文

貳拾肆日

歸化城綏遠城收牲畜稅錢貳拾千捌百肆拾文

西包頭等處收牲畜稅錢叁千伍百肆拾文

共收錢貳拾肆千叁百捌拾文

貳拾伍日

歸化城綏遠城收牲畜稅錢貳拾千伍百伍文

西包頭等處收牲畜稅錢貳千伍拾肆文

共收錢貳拾貳千伍百伍拾柒文

貳拾陸日

歸化城綏遠城收牲畜稅錢貳拾壹千肆百文

西包頭等處收牲畜稅錢肆千伍百拾文

共收錢貳拾伍千玖百拾文

貳拾柒日

歸化城綏遠城收牲畜稅錢貳拾捌千伍百文

西包頭等處收牲畜稅錢叁千伍百肆拾文

共收錢叁拾貳千肆拾文

貳拾捌日

歸化城綏遠城收牲畜稅錢拾壹千壹百伍拾文

西包頭等處收牲畜稅錢叁千捌拾文
共收錢拾肆千叁百叁拾文

貳拾玖日

歸化城綏遠城收牲畜稅錢拾貳千伍百拾文
西包頭等處收牲畜稅錢伍千肆百玖拾文
共收錢拾捌千文

以上壹箇月共收錢陸百伍拾柒千壹百肆拾柒文
支銷各項經費錢捌千陸百文除支銷外
實存錢陸百肆拾捌千伍百肆拾柒文照歸化廳目報錢價每錢貳千貳百捌拾貳文易銀壹兩
共易存銀貳百捌拾肆兩貳錢壹厘壹毫

玖月初一日

歸化城綏遠城收牲畜稅錢貳拾千伍百文
西包頭等處收牲畜稅錢叁千肆百伍拾文
共收錢貳拾叁千玖百伍拾文

初貳日

歸化城綏遠城收牲畜稅錢貳拾捌千肆百文
西包頭等處收牲畜稅錢肆千伍百拾文
共收錢叁拾壹千玖百拾文

初叁日

歸化城綏遠城收牲畜稅錢貳拾千伍百陸拾文
西包頭等處收牲畜稅錢伍千壹百捌拾文
共收錢貳拾伍千柒百肆拾文

初肆日
歸化城綏遠城收牲畜稅錢貳拾壹千叁百文
西包頭等處收牲畜稅錢貳千叁百肆拾文
共收錢貳拾貳千伍百捌拾文
初伍日
歸化城綏遠城收牲畜稅錢貳拾肆千壹百伍拾文
西包頭等處收牲畜稅錢叁千伍拾文
共收錢貳拾柒千貳百文
初陸日
歸化城綏遠城收牲畜稅錢貳拾陸千捌百文
西包頭等處收牲畜稅錢肆千叁百拾文

共收錢叁拾壹千壹百拾文

初柒日　歸化城綏遠城收牲畜稅錢叁拾壹千肆百叁拾文

西包頭等處收牲畜稅錢伍千壹百伍拾文

共收錢叁拾陸千伍百捌拾文

初捌日　歸化城綏遠城收牲畜稅錢貳拾玖千捌百伍拾文

西包頭等處收牲畜稅錢貳千玖拾伍文

共收錢叁拾壹千玖百肆拾伍文

初玖日　歸化城綏遠城收牲畜稅錢貳拾千捌百拾文

西包頭等處收牲畜稅錢貳千捌拾捌文

共收錢貳拾貳千捌百玖拾捌文

初拾日

歸化城綏遠城牲畜稅錢貳拾捌千捌百文

西包頭等處收牲畜稅錢伍千貳百伍文

共收錢叁拾千陸百伍文

拾壹日

歸化城綏遠城收牲畜稅錢貳拾柒千陸百文

西包頭等處收牲畜稅錢貳千貳百捌拾文

共收錢貳拾伍千柒百捌拾文

拾貳日

歸化城綏遠城收牲畜稅錢貳拾千陸百伍拾文
西包頭等處收牲畜稅錢貳千叁百肆拾文
共收錢貳拾貳千玖百玖拾文

拾叁日
歸化城綏遠城收牲畜稅錢貳拾千叁百貳文
西包頭等處收牲畜稅錢叁千伍拾文
共收錢貳拾叁千叁百伍拾貳文

拾肆日
歸化城綏遠城收牲畜稅錢拾玖千伍百文
西包頭等處收牲畜稅錢肆千壹百貳拾文
共收錢貳拾叁千陸百貳拾文

十五日

歸化城綏遠城收牲畜税錢貳拾捌千玖百文

西包頭等處收牲畜税錢叁千伍百捌拾文

共收錢叁拾貳千肆百捌拾文

十六日

歸化城綏遠城收牲畜税錢貳拾柒千陸百文

西包頭等處收牲畜税錢貳千陸拾伍文

共收錢貳拾玖千陸百陸拾伍文

十七日

歸化城綏遠城收牲畜税錢貳拾肆千伍百文

西包頭等處收牲畜税錢貳千捌拾文

共收錢貳拾陸千伍百捌拾文

拾捌日

歸化城綏遠城收牲畜稅錢叁拾壹千捌百文

西包頭等處收牲畜稅錢叁千壹百捌拾文

共收錢叁拾肆千玖百捌拾文

拾玖日

歸化城綏遠城收牲畜稅錢肆拾千伍百文

西包頭等處收牲畜稅錢伍千玖拾文

共收錢肆拾伍千伍百玖拾文

貳拾日

歸化城綏遠城收牲畜稅錢叁拾千肆百文

西包頭等處收牲畜稅錢肆千伍百肆拾文

共收錢貳拾陸千玖百肆拾文

貳拾壹日

歸化城綏遠城收牲畜稅錢貳拾壹千伍百文

西包頭等處收牲畜稅錢伍千捌百玖拾文

共收錢貳拾柒千壹百玖拾文

貳拾貳日

歸化城綏遠城收牲畜稅錢貳拾千玖百伍文

西包頭等處收牲畜稅錢叁千伍百伍拾文

共收錢貳拾肆千肆百伍拾伍文

貳拾叁日

歸化城綏遠城收牲畜稅錢貳拾柒千陸百文

西包頭等處收牲畜稅錢肆千叁百伍拾文

共收錢叁拾壹千玖百叁拾文

貳拾肆日

歸化城綏遠城收牲畜稅錢叁拾肆千伍百文

西包頭等處收牲畜稅錢伍千玖百叁拾文

共收錢叁拾千肆百叁拾文

貳拾伍日

歸化城綏遠城收牲畜稅錢拾伍千壹百文

西包頭等處收牲畜稅錢捌千伍百文

共收錢貳拾叁千陸百文

貳拾陸日
歸化城綏遠城收牲畜税錢拾捌千肆百文
西包頭等處收牲畜税錢柒千陸百伍拾文
共收錢叁拾陸千伍拾文
貳拾柒日
歸化城綏遠城收牲畜税錢拾柒千陸百文
西包頭等處收牲畜税錢玖千伍百叁拾文
共收錢貳拾柒千壹百叁拾文
貳拾捌日
歸化城綏遠城收牲畜税錢貳拾壹千叁百文
西包頭等處收牲畜税錢捌千柒百伍拾文

共收錢叁拾千伍拾文

貳拾玖日　歸化城綏遠城收牲畜稅錢拾伍千肆百文

西包頭等處收牲畜稅錢陸千伍百肆拾文

共收錢貳拾壹千玖百肆拾文

叁拾日　歸化城綏遠城收牲畜稅錢貳拾貳千柒百捌拾文

西包頭等處收牲畜稅錢伍千玖百柒拾伍文

共收錢貳拾捌千柒百伍拾叁文

以上壹箇月共收錢捌佰陸拾肆千壹拾伍文

支銷各項經費錢捌千捌百文，除支銷外

實存錢捌百伍拾[illegible]伍文無歸化廳補報錢價每錢[illegible]

共易存銀叁百柒拾貳兩壹錢玖分伍厘肆毫

拾月初壹日

歸化城綏遠城收牲畜稅錢貳拾壹千叁百文

西包頭等處收牲畜稅錢肆千伍百捌拾文

共收錢貳拾伍千捌百捌拾文

初貳日

歸化城綏遠城收牲畜稅錢貳拾千玖百伍拾文

西包頭等處收牲畜稅錢叁千肆百叁拾文

共收錢貳拾肆千叁百捌拾文

初叁日

歸化城綏遠城收牲畜稅錢叁拾伍千叁百伍拾文
西包頭等處收牲畜稅錢叁千伍拾文
共收錢肆拾貳千肆百文

初肆日
歸化城綏遠城收牲畜稅錢貳拾肆千捌百文
西包頭等處收牲畜稅錢拾肆千叁百柒拾文
共收錢叁拾玖千叁百柒拾文

初伍日
歸化城綏遠城收牲畜稅錢叁拾柒千玖百文
西包頭等處收牲畜稅錢伍千捌百柒拾文
共收錢叁拾伍千柒百文

初陸日
歸化城綏遠城收牲畜税錢貳拾千柒百文
西包頭等處收牲畜税錢叁千肆百貳拾文
共收錢貳拾肆千壹百貳拾文

初柒日
歸化城綏遠城收牲畜税錢叁拾柒千捌百文
西包頭等處收牲畜税錢叁千叁拾肆文
共收錢肆拾千捌百叁拾肆文

初捌日
歸化城綏遠城收牲畜税錢拾陸千叁百文
西包頭等處收牲畜税錢貳千捌百柒拾文

共收錢拾玖千壹百柒拾文

初玖日

歸化城綏遠城收牲畜稅錢拾柒千伍百文

西包頭等處收牲畜稅錢叁千伍拾文

共收錢貳拾千伍百伍拾文

初拾日

歸化城綏遠城收牲畜稅錢叁拾肆千叁百文

西包頭等處收牲畜稅錢肆千叁百貳拾文

共收錢貳拾捌千伍百貳拾文

拾壹日

歸化城綏遠城收牲畜稅錢捌玖千捌拾文

西包頭等處收牲畜稅錢叁千柒百玖拾文
共收錢貳拾壹千捌百柒拾文

拾貳日
歸化城綏遠城收牲畜稅錢拾伍千捌百文
西包頭等處收牲畜稅錢貳千玖百捌拾文
共收錢拾捌千柒百捌拾文

拾叁日
歸化城綏遠城收牲畜稅錢拾陸千肆百文
西包頭等處收牲畜稅錢叁千伍百拾文
共收錢拾玖千玖百拾文

拾肆日

歸化城綏遠城收牲畜稅錢拾壹千柒拾文
西包頭等處收牲畜稅錢叁千捌百玖拾文
共收錢拾伍千玖百陸拾文

拾伍日
歸化城綏遠城收牲畜稅錢拾肆千伍百捌拾文
西包頭等處收牲畜稅錢叁千柒拾文
共收錢拾柒千陸百伍拾文

拾陸日
歸化城綏遠城收牲畜稅錢貳拾壹千叁百文
西包頭等處收牲畜稅錢叁千玖百捌拾文
共收錢貳拾伍千貳百捌拾文

拾柒日
歸化城綏遠城收牲畜税錢貳拾伍千伍百文
西包頭等處收牲畜税錢叁千玖拾文
共收錢貳拾捌千伍百玖拾文

拾捌日
歸化城綏遠城收牲畜税錢貳拾捌千肆百文
西包頭等處收牲畜税錢肆千伍百叁拾文
共收錢叁拾貳千玖百叁拾文

拾玖日
歸化城綏遠城收牲畜税錢貳拾玖千捌拾文
西包頭等處收牲畜税錢叁千伍百陸拾文

共收錢叁拾貳千陸百肆拾文

貳拾日

歸化城綏遠城收牲畜稅錢貳拾柒千肆百文

西包頭等處收牲畜稅錢貳千玖百貳拾文

共收錢叁拾千叁百貳拾文

貳拾壹日

歸化城綏遠城收牲畜稅錢貳拾肆千伍百文

西包頭等處收牲畜稅錢貳千捌百肆拾文

共收錢貳拾玖千叁百肆拾文

貳拾貳日

歸化城綏遠城收牲畜稅錢貳拾伍千玖百文

西包頭等處收牲畜稅錢貳千伍拾文
共收錢貳拾柒千玖百伍拾文

貳拾叁日
歸化城綏遠城收牲畜稅錢貳拾捌千捌百文
西包頭等處收牲畜稅錢叁千捌百玖拾文
共收錢叁拾貳千陸百玖拾文

貳拾肆日
歸化城綏遠城收牲畜稅錢貳拾伍千叁百文
西包頭等處收牲畜稅錢肆千伍拾文
共收錢貳拾玖千貳百伍拾文

貳拾伍日

歸化城綏遠城收牲畜税錢貳拾千陸百伍拾文
西包頭等處收牲畜税錢叁千玖百捌拾文
共收錢貳拾肆千陸百叁拾文

貳拾陸日

歸化城綏遠城收牲畜税錢貳拾柒千玖百文
西包頭等處收牲畜税錢叁千玖百柒拾文
共收錢叁拾壹千肆百柒拾文

貳拾柒日

歸化城綏遠城收牲畜税錢貳拾玖千捌百文
西包頭等處收牲畜税錢捌千伍百捌拾文
共收錢叁拾捌千叁百捌拾文

貳拾捌日

歸化城綏遠城收牲畜稅錢貳拾貳千壹百柒拾文

西包頭等處收牲畜稅錢玖千玖百伍拾文

共收錢叁拾壹千壹百貳拾文

貳拾柒日

歸化城綏遠城收牲畜稅錢壹千伍百文

西包頭等處收牲畜稅錢壹千伍百叁拾文

共收錢捌千叁拾文

叁拾日

歸化城綏遠城收牲畜稅錢貳拾千文

西包頭等處收牲畜稅錢拾千文

共收錢叁拾千文

以上壹箇月共收錢捌百叁拾捌千捌拾肆文

支銷各項經費錢捌千捌百文除支銷外

實存錢捌百貳拾玖千貳百捌拾肆文照歸化廳月報錢價每錢貳千貳百柒拾肆文易銀壹兩

共易存銀叁百陸拾肆兩陸錢捌分捌毫

拾壹月初壹

歸化城綏遠城收牲畜稅錢陸拾叁千肆百文

西包頭等處收牲畜稅錢拾陸千捌百伍拾文

共收錢捌拾千捌百伍拾文

初貳日

歸化城綏遠城收牲畜稅錢肆拾伍千捌百文

西包頭等處收牲畜稅錢肆千叁百貳拾文

共收錢伍拾千壹百貳拾文

初叁日

歸化城綏遠城收牲畜稅錢肆拾柒千陸百文

西包頭等處收牲畜稅錢叁千壹百捌拾文

共收錢伍拾千柒百捌拾文

初肆日

歸化城綏遠城收牲畜稅錢柒拾千伍百文

西包頭等處收牲畜稅錢拾陸千伍百叁拾文

共收錢捌拾柒千叁拾文

初伍日

歸化城綏遠城收牲畜稅錢陸拾捌千玖百文
西包頭等處收牲畜稅錢肆千叁百肆拾文
共收錢柒拾叁千貳百肆拾文
初陸日
歸化城綏遠城收牲畜稅錢肆拾叁千肆百文
西包頭等處收牲畜稅錢叁千貳百伍拾文
共收錢肆拾陸千陸百伍拾文
初柒日
歸化城綏遠城收牲畜稅錢伍拾伍千叁百拾文
西包頭等處收牲畜稅錢拾肆千肆百拾文
共收錢叁拾玖千柒百貳拾文

初捌日

歸化城綏遠城收牲畜稅錢叁拾柒千陸百文

西包頭等處收牲畜稅錢陸千捌百捌拾文

共收錢肆拾肆千肆百捌拾文

初玖日

歸化城綏遠城收牲畜稅錢肆拾捌千伍百文

西包頭等處收牲畜稅錢拾伍千肆百文

共收錢陸拾叁千玖百文

初拾日

歸化城綏遠城收牲畜稅錢肆拾千捌百文

西包頭等處收牲畜稅錢伍千玖百伍拾文

共收錢肆拾陸千柒百伍拾文

拾壹日

歸化城綏遠城收牲畜稅錢肆拾捌千伍百文

西包頭等處收牲畜稅錢陸千肆百伍拾文

共收錢肆拾玖千玖百伍拾文

拾貳日

歸化城綏遠城收牲畜稅錢伍拾伍千捌百文

西包頭等處收牲畜稅錢柒千伍拾文

共收錢陸拾貳千捌百伍拾文

拾叁日

歸化城綏遠城收牲畜稅錢伍拾陸千叁百文

西包頭等處收牲畜稅錢肆千捌百伍拾
共收錢陸拾叁千壹百伍拾文

拾肆日
歸化城綏遠城收牲畜稅錢伍拾肆千貳百文
西包頭等處收牲畜稅錢陸千壹百肆拾文
共收錢陸拾千叁百肆拾文

拾伍日
歸化城綏遠城收牲畜稅錢伍拾貳千壹百文
西包頭等處收牲畜稅錢拾肆千伍百肆拾文
共收錢陸拾陸千陸百肆拾文

拾陸日

歸化城綏遠城收牲畜税錢陸拾千伍百伍拾文
西包頭等處收牲畜税錢捌千貳百肆拾文
共收錢陸拾捌千柒百玖拾文

拾柒日
歸化城綏遠城收牲畜税錢柒拾千壹百文
西包頭等處收牲畜税錢陸千捌百玖拾文
共收錢柒拾陸千玖百玖拾文

拾捌日
歸化城綏遠城收牲畜税錢叁拾肆千玖百文
西包頭等處收牲畜税錢叁千壹百肆拾文
共收錢叁拾捌千肆拾文

拾玖日

歸化城綏遠城收牲畜税錢肆拾壹千叁百貳拾文

西包頭等處收牲畜税錢伍千捌百伍拾文

共收錢肆拾柒千壹百柒拾文

貳拾日

歸化城綏遠城收牲畜税錢肆拾貳千壹百肆拾文

西包頭等處收牲畜税錢肆千玖百陸拾柒文

共收錢肆拾玖千陸百柒拾文

貳拾壹日

歸化城綏遠城收牲畜税錢叁拾捌千玖百文

西包頭等處收牲畜税錢肆千捌百肆拾文

共收錢肆拾伍千柒百肆拾文

貳拾貳日

歸化城綏遠城收牲畜稅錢叁拾柒千壹百文

西包頭等處收牲畜稅錢陸千叁百貳拾文

共收錢肆拾叁千肆百貳拾文

貳拾叁日

歸化城綏遠城收牲畜稅錢叁拾肆千叁百文

西包頭等處收牲畜稅錢柒千伍拾文

共收錢肆拾壹千叁百伍拾文

貳拾肆日

歸化城綏遠城收牲畜稅錢柒拾捌千伍百文

西包頭等處收牲畜稅錢拾捌千捌百伍拾文

共收錢捌拾玖千叁百伍拾文

貳拾伍日

歸化城綏遠城收牲畜稅錢陸拾玖千捌百文

西包頭等處收牲畜稅錢拾肆千伍百文

共收錢捌拾肆千叁百文

貳拾陸日

歸化城綏遠城收牲畜稅錢貳拾伍千叁百拾文

西包頭等處收牲畜稅錢拾伍千捌百肆拾文

共收錢肆拾壹千壹百伍拾文

貳拾柒日

歸化城綏遠城收牲畜税錢拾捌千伍百文
西包頭等處收牲畜税錢拾千伍百捌拾文
共收錢貳拾玖千捌拾文

貳拾捌日
歸化城綏遠城收牲畜税錢叁拾千伍百文
西包頭等處收牲畜税錢拾千叁百文
共收錢肆拾千捌百文

貳拾玖日
歸化城綏遠城收牲畜税錢拾玖千肆百玖拾文
西包頭等處收牲畜税錢拾壹千伍百文
共收錢叁拾千玖百玖拾文

叁拾日

歸化城綏遠城收牲畜稅錢伍拾捌千捌百文

西包頭等處收牲畜稅錢拾柒千伍百肆拾文

共收錢柒拾陸千叁百肆拾文

以上一箇月共收錢壹千柒百拾捌千玖百伍拾捌文

支銷各項經費錢柒千捌百柒拾文銷外

實存錢壹千柒百拾壹千壹百伍拾捌文照歸化廳月報錢價每錢貳千貳百陸拾捌文易銀壹兩

共易存銀柒百伍拾肆兩叁分捌厘

拾貳月初壹日

歸化城綏遠城收牲畜稅錢叁拾壹千陸百伍拾文

西包頭等處收牲畜稅錢叁拾千文

共收錢陸拾壹千陸百伍拾文

初貳日　歸化城綏遠城收牲畜稅錢貳拾玖千叁百文

西包頭等處收牲畜稅錢肆千陸百捌拾文

共收錢叁拾叁千玖百捌拾文

初叁日　歸化城綏遠城收牲畜稅錢叁拾千伍百文

西包頭等處收牲畜稅錢叁千肆百叁拾文

共收錢叁拾叁千玖百叁拾文

初肆日　歸化城綏遠城收牲畜稅錢叁拾肆千伍百文

西包頭等處收牲畜稅錢貳千伍百玖拾文

共收錢叁拾柒千玖拾文

初伍日

歸化城綏遠城收牲畜稅錢拾玖千捌百文

西包頭等處收牲畜稅錢貳千伍百伍拾文

共收錢貳拾壹千叁百伍拾文

初陸日

歸化城綏遠城收牲畜稅錢貳拾肆千叁百捌拾文

西包頭等處收牲畜稅錢叁千肆百捌拾文

共收錢貳拾肆千叁百捌拾文

初柒日

歸化城綏遠城收牲畜稅錢貳拾肆千柒百捌拾文
西包頭等處收牲畜稅錢陸千捌拾文
共收錢叁拾千陸百陸拾文

初捌日

歸化城綏遠城收牲畜稅錢貳拾千伍百柒拾文
西包頭等處收牲畜稅錢伍千伍拾伍文
共收錢貳拾捌千陸百叁拾伍文

初玖日

歸化城綏遠城收牲畜稅錢貳拾伍千玖百文
西包頭等處收牲畜稅錢伍千肆百伍拾文
共收錢叁拾壹千叁百伍拾文

初拾日

歸化城綏遠城收牲畜税錢貳拾陸千柒百文

西包頭等處收牲畜税錢伍千叁百肆拾文

共收錢叁拾貳千肆拾文

拾壹日

歸化城綏遠城收牲畜税錢貳拾伍千伍百文

西包頭等處收牲畜税錢肆千壹百捌拾文

共收錢貳拾玖千柒百捌拾文

拾貳日

歸化城綏遠城收牲畜税錢貳拾千玖百伍文

西包頭等處收牲畜税錢叁千肆百貳拾文

共收錢貳拾肆千叁百貳拾伍文

拾叁日

歸化城綏遠城收牲畜稅錢貳拾肆千捌百文

西包頭等處收牲畜稅錢貳千叁百捌拾文

共收錢貳拾柒千壹百捌拾文

拾肆日

歸化城綏遠城收牲畜稅錢拾捌千伍百文

西包頭等處收牲畜稅錢叁千柒百貳拾文

共收錢貳拾叁千貳百貳拾文

拾伍日

歸化城綏遠城收牲畜稅錢拾伍千肆百文

西包頭等處收牲畜稅錢肆千伍拾文
共收錢拾玖千肆百伍拾文
拾陸日
歸化城綏遠城收牲畜稅錢貳拾肆千柒百伍拾文
西包頭等處收牲畜稅錢貳千叁百肆拾文
共收錢貳拾柒千玖拾文
拾柒日
歸化城綏遠城收牲畜稅錢貳拾叁千肆百文
西包頭等處收牲畜稅錢貳千伍拾肆文
共收錢貳拾陸千肆百伍拾肆文
拾捌日

歸化城綏遠城收牲畜税錢貳拾陸千捌百文
西包頭等處收牲畜税錢捌千伍百文
共收錢叁拾伍千叁百文

拾玖日
歸化城綏遠城收牲畜税錢叁拾貳千捌百文
西包頭等處收牲畜税錢柒千叁百肆拾文
共收錢肆拾柒千壹百肆拾文

貳拾日
歸化城綏遠城收牲畜税錢叁拾千伍百文
西包頭等處收牲畜税錢陸千捌百玖拾文
共收錢叁拾柒千叁百玖拾文

貳拾壹日

歸化城綏遠城收牲畜稅錢叁拾貳千捌百文

西包頭等處收牲畜稅錢伍千肆百肆拾文

共收錢叁拾捌千貳百肆拾文

貳拾貳日

歸化城綏遠城收牲畜稅錢叁拾肆千柒百文

西包頭等處收牲畜稅錢伍千叁百貳拾文

共收錢肆拾千貳拾文

貳拾叁日

歸化城綏遠城收牲畜稅錢叁拾叁千伍百文

西包頭等處收牲畜稅錢陸千叁百拾文

共收錢叁拾玖千捌百拾文

貳拾肆日　歸化城綏遠城收牲畜稅錢肆拾千玖百文

西包頭等處收牲畜稅錢伍千叁百文

共收錢肆拾陸千貳百文

貳拾伍日　歸化城綏遠城收牲畜稅錢肆拾壹千伍百文

西包頭等處收牲畜稅錢陸千肆百文

共收錢肆拾柒千玖百文

貳拾陸日　歸化城綏遠城收牲畜稅錢貳拾壹千捌

西包頭等處收牲畜稅錢肆千捌百拾文

共收錢貳拾陸千陸百拾文

貳拾柒日

歸化城綏遠城收牲畜稅錢貳拾千伍百文

西包頭等處收牲畜稅錢陸千玖百肆拾文

共收錢貳拾柒千肆百肆拾文

貳拾捌日

歸化城綏遠城收牲畜稅錢貳拾柒千玖百文

西包頭等處收牲畜稅錢捌千伍百肆拾文

共收錢貳拾玖千肆百肆拾文

貳拾玖日

歸化城綏遠城收牲畜稅錢貳拾陸千叁百叁拾文

西包頭等處收牲畜稅錢柒千陸百捌拾文

共收錢叁拾陸千拾文

以上壹箇月共收錢玖百陸拾肆千伍百捌拾叁文

支銷各項經費錢捌千陸百文除支銷外

實存錢玖百伍拾伍千玖百捌拾叁文照歸化廳月報錢價每錢貳千貳百貳拾文易銀壹兩

共易存銀肆百叁拾兩陸錢貳分叁厘

以上壹年共收錢玖千壹百陸拾伍千柒百拾肆文

支銷各項經費錢壹百肆千肆百文

實存錢玖千陸拾壹千叁百拾肆文照歸化廳月報錢價每錢貳千貳百貳拾文以至貳千貳百玖拾捌文各錢價不等易銀壹兩共易存銀肆千壹拾伍兩陸錢叁分玖厘貳毫內除

歸化城副都統衙門於宣統貳年分節次領去是年春秋貳季舊例
賞給土默特兵丁操演盤費銀共叁千兩以給防城
兵丁盤費銀兩又節次領去是年夏冬貳季公費
銀共肆千兩壹年共領銀柒千兩因所收牲畜稅錢
易存銀兩不敷給發當經前署道並職道遵例於
養廉銀內墊銀貳千玖百捌拾肆兩叁錢陸分捌毫湊
足柒千兩之數支給在案理合登明

宣統

日

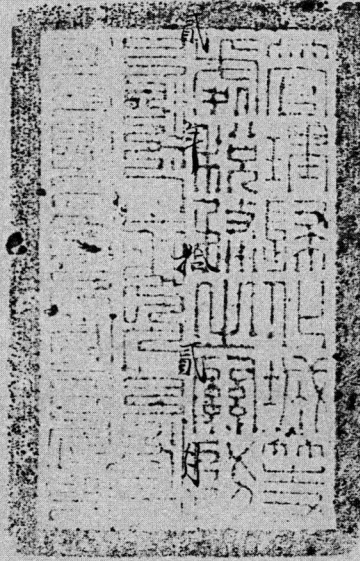

圖書在版編目(CIP)數據

東京大學東洋文化研究所大木文庫藏明清稀見史料匯刊. 第二輯 / 上海古籍出版社編. 一上海：上海古籍出版社，2023.12

ISBN 978-7-5732-0985-6

Ⅰ.①東… Ⅱ.①上… Ⅲ.①中國歷史一史料一匯編一明清時代 Ⅳ.①K248.06

中國國家版本館 CIP 數據核字(2023)第 234785 號

東京大學東洋文化研究所大木文庫藏明清稀見史料匯刊·第二輯
(全八册)

上海古籍出版社 編
上海古籍出版社出版發行
(上海市閔行區號景路159弄1-5號A座5F 郵政編碼201101)
(1) 網址：www.guji.com.cn
(2) E-mail：gujil@guji.com.cn
(3) 易文網網址：www.ewen.co
上海世紀嘉晉數字信息技術有限公司印刷
開本 787×1092 1/16 印張 226.5 插頁 49
2023年12月第1版 2023年12月第1次印刷
ISBN 978-7-5732-0985-6

K·3524 定價：3980.00元